妄想は現実になる

「引き寄せ」の悩みはこれで解決!

アメブロ「妄想は世界を救う」
かずみん

ビジネス社

はじめに

「妄想」

　この言葉を目にして、皆さんはどんな印象を受けましたか？

「なんかアヤシイ」。そんなイメージを持たれている方が大半ではないでしょうか。

ごもっとも！　それがごくごく一般的な反応ですね！

　ですがその「妄想」が、私の生活、いえ、人生を大きく変えてくれました。

　妄想はただの現実逃避ではなく、私にとっては「幸せな未来を呼び寄せてくれる積極的な行動」。

妄想をして、あたかもそれが本当に起こっているかのようにドキドキ、にやにやすることで、私の願いは次々と叶ってきたのです！

「引き寄せの法則」で願いが叶った状態をイメージする「イメージング」や「ビジュアライゼーション」。これらを私の言葉で言うと「妄想」。

　妄想は願いを叶える力がある！　妄想は世界を救う！

　そんな思いを込めたブログも、最初は私の体験談だけでしたが、最近は読者様からの「私も妄想が現実になったことがあります！」「妄想していたら、本当に願いが叶いました！」という非常に嬉しい妄想現実化体験談が増えてきました。

「大好きな彼とお付き合いが始まった」「ブロックされていた彼からＬＩＮＥが届いた」「もう会えないと思っていた彼と奇跡的に会えた」「素敵な人と出会って、今年結婚します！」

こんな嬉しい声と、私の今までの実体験を元に、本書では「恋が叶う妄想」をさらに深く掘り下げてみました。幸せな恋愛妄想は、妄想だけで終わらず、必ず現実のものになるのです！

一方、「引き寄せられない」「なかなか現実が変わらない」「どうしたらいいかわからない」そんな悩める皆様の声も届きます。どうして「引き寄せられない」と感じるのか。現実が変わっていかないのか。

かくいう私も、恋愛の妄想はスルスルと叶ってきたのに、お金の引き寄せはなかなか叶いませんでした。そんな私自身による人体実験や、皆様からの嘘偽りのない生《なま》の声を元に、「引き寄せられない」を「引き寄せて願いを叶えて最大級に幸せになる」に変えていくにはどうしたらいいか。そんなことも、本書ではお伝えしています。

「できない」「わからない」からのスタートでも大丈夫。「できない」から始まり、「苦手」だと思っていても、必ず引き寄せられるようになります。

引き寄せや妄想に対する苦手意識も、もう怖くありません！　イメージングや妄想に苦手意識がある方も、「現実になる妄想」は必ずできます。みんな、願いを叶える力を持っているし、自分だけの幸せを手に入れるパワーを内に秘めています。

妄想が苦手な（だと思い込んでいる）皆様は、妄想の力で最高に幸せな人生を。

妄想が好きな皆様は、さらに妄想の力で最高に幸せな人生を。

本書が皆様の幸せな妄想を現実にし、願いを叶える力になれば、こんなに嬉しいことはありません。

最後に、いつも応援してくれている家族と両親、友人Ｙ、出版プロデューサーのたかひらいくみさん、一冊目に引き続き再び「大真面目に面白い」本をつくってくださったビジネス社編集部の山浦秀紀さん、またまた可愛い漫画を描いてくださったイラストレーターのｋｅｙｃｏｃｃｏさん、本書に関わってくださったすべての皆様、私の人生を変えてくれた奥平亜美衣さん、そしていつも私のブログを読んでくれている皆様と、この本を手に取ってくれたあなたに、心からの御礼を申し上げます。

２０１８年12月

かずみん

かずみん『引き寄せ』劇場
こんにちは♪
かずみんです♡
「引き寄せの法則」を知ってから
私にどんなことがおこったかお話しますね♡
私は小さい頃「妄想」が趣味でした
読書が好きで
自分でお話を書いてみたり…
カタ
カタ
カタ
カタ
ワープロ
得意な事といえば…
好きになった彼とのデートを妄想して
ウフフ♡ムフフ♡ニヤニヤ♡
ところがなぜかいつもそれが現実になるんです。
なぜか恋愛は100%うまくいく!!
僕とつきあってください!!
かずみん
好きになった人と必ず両想いになれるんです。
ハニワ顔でこけしなのに…
かがみ
結婚してからは、家事と育児。
そして仕事に追われる普通の主婦でした。
妄想だけは相変わらず好きでしたが

※本書の装丁は、『「引き寄せ」の実践トレーニング』の写真の女の子に、かずみんがなりきってみました。亜美衣さん、ゴメンなさい！

ケータイこわれた!?
いたずら…!?
違いました。
な、なんと!!
あみいさ〜ん
憧れの亜美衣さんが私のブログを紹介してくださったのです!!
その日のアクセス数は7万4000件!!
スーパースペシャル
幸せフェスティバル
ありえないし
気を良くした私はすぐさま企画書を書き「企画のたまご屋さん」に送りました。
その企画書が目に留まり、なんと!!私の本が出版されることに——!!
うれしーい
コレ、本にしましょう
私のはじめての本は発売と同時に増刷が決定!!
ありえない「妄想」でお金も恋も引き寄せる!
かずみん
奥平亜美衣さん大推薦
ベストセラーとして「王様のブランチ」でも紹介されました!!
「引き寄せの法則」を知ったおかげで普通の主婦だった私に大きな変化が起きました!!
夢はきっと叶います!!
「妄想」は「現実」を引き寄せるんです!!

Contents

第2章

恋は100％、妄想で叶う！

ドキドキする妄想で、恋愛を引き寄せる

第3章 「引き寄せ」の悩みは、これで解決！

うまくいかない時の対処法

第4章 お金を引き寄せる思考法

妄想＋行動＋言葉で潜在意識を塗り替える

〔付録〕

第1章

引き寄せは本当にある！

この3年半で私に起きたこと

「妄想」が現実を引き寄せる

「こうなったらいいのにな〜」とふと思うこと、誰にでもありますよね！

「宝くじが当たるといいな〜」

「スタイル抜群になれるといいな〜」

「イケメンの彼氏ができるといいな〜」

「空を飛べたらいいな〜」


ふふふ！　考えただけで楽しいですね！

私は「こうなったらいいな」と思った時点で、その「〝こうなったらいいな〟が叶っている世界」、つまり「願いが叶った世界」が、すでにこの宇宙のどこかに存在していると考えています。

飛行機が発明される前は、「空を飛べたらいいな」なんて夢想している人は、周りから馬鹿にされて、笑われていたはずです。

ですが、有名なライト兄弟をはじめ、多くの人が「空を飛べたらいいな」という願いを持ち、それを見事に実現させた。その結果、今では「飛行機で空を飛ぶ」なんて、まったく当たり前のこととして受け入れられています。

「こうなったらいいな」の世界＝「願いが叶った世界」を自分の元に呼び寄せることは、誰にでもできます。その方法は、**願いが叶っている世界の住人になること＝願いが叶った自分になって生活すること**。

「願いを叶えた自分」が感じているであろう「幸福感」「安心感」「ウキウキ感」「るんるん感」「脳内お花畑感」。これらの感情を先取りして、うふふ！　あはは！と毎日を過ごすことで、「願いが叶っている世界」は、今の現実にグイグイッと重なってきます。

ええ⁉　なんだかバカみたいって⁉

そうですよ！「**ちょっとあほになる!!**」これこそが、**「かずみん流引き寄せ」**の基本中の基本なのです！

「感情の先取り」とは、今、その感情を味わうこと。私は「妄想」で「ドキドキ」「胸がキューン！」「幸せ～」という感情を先取りすることで、現実でも「ドキドキ」「胸がキューン！」「幸せ～」と感じるような出来事を、次々と呼び寄せていました。

妄想スゴイ！　妄想最高！　ぜひ学校の必須科目に入れましょう！

「引き寄せの法則」はすべての人に作用している

私はこれまでスピリチュアルや自己啓発系とはまったく縁がない生活をしてきたし、友人から「引き寄せの法則」の話をチラッと聞いた時も、「なんやねんそれ」と全否定でした。

趣味は妄想と読書。いつもひっそり妄想しては、こっそりとにやにや過ごす日々……。

実は、「引き寄せの法則」を知らない頃から、私は最大の特技で趣味でもある「妄想」という手段を使い、「恋が叶う」という引き寄せを無意識にしていたのです！

そしてある日、偶然目にした奥平亜美衣さんの著書がなぜか妙に気になり、手に取りました。そこからさらに本格的な私のにやにや人生……いえ、引き寄せ人生が幕を開けたのです！

「引き寄せの法則」は、知っていようがいまいが、誰にでも作用している法則。私は「引き寄せの法則」を知ったことで、さらに次々と願いが叶っています。

この章では、私が「引き寄せの法則」と出会ってから3年半の間に何が起こったか、お話ししたいと思います。

妄想好きな主婦がブログを始める

亜美衣さんの著書を読んだ当時、私は育児をしながら、ほんの少しだけ在宅で仕事をしている主婦でした。娘の成長を見守りながら、胸がドキドキするようなテレビドラマを見ては、にやにやする毎日。特にやりたいこともなければ、得意なこともなし。ちょっとした不満はあるものの、ささやかな幸せもたくさん転がっている、そんな日々でした。

そんな中ふと、「私もブログを書いてみようかな」と思い立ったのです。

そういえば、私は幼い頃から本を読むのも、文章を書くのも大好きでした。小学校高学年の頃から、自分の妄想の世界を物語にして、ワープロ（当時はパソコンでもスマホでもなくワープロですよ！）でカタカタ打っていたのです。

「いったい毎日、何を打ってるん」と母に不思議そうに見つめられながらも、「ナイショ」とごまかして、ひたすら妄想の世界を文字に起こす日々。

ええ、内緒にしているか公《おおやけ》にしているかだけの違いで、今とまったく何も変わっていないではありませんか。

ですが「ブログを書きたい」とは思っても、何を書いたらいいのかもわからない。料理も苦手、メイクも苦手、育児日記もチト違う。迷走状態を極めていた私のブログですが、急に私の頭の中に「妄想」というワードが現れます。

あれ？　私、書くのも好きだけど、妄想も好きじゃない？

というか、**息をしているより、妄想している時間のほうが長くない？**

それぐらい、私にとっての妄想はごく自然な行為。私から妄想を取ったら、確実に酸欠になるレベルです。

「書くこと」と「妄想」、そして知れば知るほど夢中になる「引き寄せの法則」。

これらの、私の「好き」を総動員したブログにし、タイトルも「妄想は世界を救う。～妄想万能説～」に決定。

そして私は2015年2月の自分の誕生日に、「自分の名前で本を出したい」という願いを、はじめてブログに書いたのです。

かずみん流「引き寄せの法則」

行動も、する（普通のこと言ってるー!!）にやにや妄想が一日の大半を占める私ですが、やると決めたからには即行動。亜美衣さんの本を読んで「これは！」と思った部分はすぐに実践。「書きたい！」と思えばすぐにブログを立ち上げる。そんな行動力も持ち合わせているのです。（えっへん！）何も世界一周旅行だとか、そんな大変なことをする必要はありません！　妄想して幸せな気分に浸っていたら、「あ、これ、やってみようかな☆」と自然に行動したくなる時が来ます。あなたが今本書を読んでくれていることも立派な行動の一つ！　素晴らしい！

妄想の中で人気作家になりきる

ブログを始めてまもなく、私はこんな夢を抱くようになりました。

自分の名前で本を出したい！

なんと突拍子もない夢が生まれてしまったのでしょう。その頃はまだブログの記事も少なく、アクセス数も3桁がやっとだったのです。

現実は一日百アクセス。私の頭の中では一日数万アクセス。

現実はコメントをくれる方がちらほら。私の頭の中では、たくさんの「いいね！」と、返信できないくらい多数のコメント。

現実は人気ブログランキング……？　えーっと、これって、どうやって登録するの……？　私の頭の中ではランキング上位！

現実は書籍化……?　出版……?　えーっと、この世にはヘンシュウシャサンというお仕事の方がいるそうな……?　私の頭の中のメールボックスは、出版社さんから書籍化の相談が次々と届いてパンク寸前!!

どうでしょう、この現実と、私の頭の中の違い。まさに雲泥の差、「ソーセージ」と「ウインナー」、「そうめん」と「ひやむぎ」ぐらい違います。

ええっ!?　二つともよく似てるって!?　間違えた!　「ハムスター」と「ライオン」ぐらい違いますよ!

私が致命的に譬《たと》えベタなのはさておき、「自分の本を出版したい」という夢が生まれた私は、自分の妄想の中で「人気ブロガー兼作家さん」になりきって過ごしていたのです。

出版の話など何一つなかった頃から、私の頭の中ではすでに、自分の本が書店に並んでいました。「大人気!　売れてます!」なんて可愛らしいポップ付きで。

そんな光景を思い浮かべてにやにやしながらブログを書いたり、ご飯を食べたり、お風呂に入ったり、書店をうろついたりしていたのです。

これは相当な危険人物ですよ！　よくもまあ、通報されなかったものです。

私の妄想シリーズはこれだけではありません。

ブログを書けば多くの方が記事を読んでくれて、毎日たくさんのコメントやメッセージが届く。

優雅に紅茶でも飲みながら、パソコンに向かってカタカタと原稿を打つ私。

まだ見ぬ編集者さんと打ち合わせをして、「増刷決定です！」なんていうメールを受け取り「ありがとうございます！」と返事を書いている私。

現実は何も変わっていないのに、私の妄想の中では確かに「願いが叶った私」が生き生きと動いているんです。

それでも、すぐに現実が変わったわけではありませんでした。

「現実は知らん力」が試される時

ブログへのアクセスは思うように増えず、出版なんて何をどうしたらいいのかもわからない。焦ることもあれば、「本当にできるのかな」と不安になることもありました。

妄想の中の私は、毎日何十万アクセスもある人気ブロガーなのに、現実のアクセス数は桁が二つも足りない。ブログランキングも同じような場所を行ったり来たり。

現実に起きていることは、とてもリアルです。現実に反応して落ち込んだり、うまくいっている人に嫉妬したり……。

「えっ、かずみんも落ち込んだりするの⁉」と、私のブログを読んで、私のことをよく知ってくださっている方は驚くかもしれません。

でも、現実に反応するのは、人間としてごく自然な姿。私だっていつもいつも妄想の世界に住み、にやにやにやにやしているわけではないのです。現実だってちゃんと生きているんですからね。


大事なのは現実に反応した「その後」です！

こういう時こそ**「現実は知らん力」**を発揮する時なのです！

望んでいない現実が続いたり、願っていることとは逆の出来事が起きても、「ふーん」ですませてみましょう。

「望んでいない現実」にずっと意識を向けるのは、「もっと今の（望んでいない）現実が欲しい」と宇宙にオーダーしているのと同じこと。

だからそっち（望んでいない今の現実）より、こっち（願いを叶えた未来）に意識を向け直す!!

そっち（望んでいない今の現実）は「ふーん」とちょっと横に置いておき、こっち（願いを叶えた未来）を、グイッと自分の近くにたぐり寄せる感覚です。

今の「現実」は、「願いを叶えた私」に続いている通過点なだけ。たかが通過点に、過剰に反応することはないのですよ！

かずみん流「引き寄せの法則」

そう、「現実は知らん」なのですよ‼　今の実際の状況など、一切無視！　願いが生まれた時に「本当に叶うの？」と不安になるのも当たり前のこと。ですが、望んでいない現実に過剰に反応し、いつまでも引きずる必要はありませんよ！　今の現実に反応しそうになったら、そのたびに「おっと間違えた！」と、「願いを叶えた私」「望む未来」に意識を戻してみましょう。

その繰り返しでいいんです。ここ、ちょっぴり頑張るポイントですよ！

妄想はある日突然、現実になる

意識を「望む未来」に向けながら、今できることをやっていく。

私の場合は、多くの人にブログを読んでもらうために、ブログランキングに参加し、ブログサービスを利用し、ブログサークルに入って掲示板にコメントを書き込み、いいね！　をつけてくれた方のブログを訪問……。ね！　やったことはとっても普通でしょう！

だけど「どんな行動をしたか」が重要なのではなくて、大事なのは自分の「波動」。

「これをやらなきゃ願いは叶わない」ではなくて、「願いを叶えた私」に意識を向けたまま、今自分にできることをやるんです。

ただ「ブログを書く」という行為でも、「書かなきゃアクセスが上がらない」という焦りから行動するより、「私はたくさんの方に読んでもらっている人気ブロガーさんなの〜」とにやにやしながら行動するほうが、確実に結果はついてきます。

自分の意識がどこに向いているかが大事なんです。（これはまた後でお話ししますが、とっても大切ですから覚えていてくださいね！）

そしてもう一つ大事なことがありますよ！　それは、願いが叶っていない今の現実にも、「あるな」と感じるものを見つけていくこと。

アクセス数が自分の願い通りではないとしても、一人でも読みに来てくれているのなら、「ありがとう」と感じる。

読者さんが一人増えるたびに「あ、嬉しいな」と感じる気持ちを大事にする。

「いったい、いつ叶うの」と結果ばかりを気にするよりも、「望む未来」に意識を向けながら、今できることをやり、「今あるもの」を大事にしていくんです。

そうすることで、気がつくと結果は変わっています。

「今あるもの」と「望む未来」ににやにやしてみる

「今の現実には不満ばかり。こうなったらいいのに……」ではなくて、今の幸せな部分にも、できるだけ目を向ける。それがどうしてもできない時は、ふて寝しちゃいましょう！

現実の私は普通の主婦。妄想の中では作家さん。

家事と育児の毎日という現実を生きながらも、ご飯をつくる時も、気持ちは売れっ子作家さん。子どもの宿題を見ている時も、気持ちは売れっ子作家さん。

ブログを書いている時だけではなく、ご飯を食べる時も、トイレに行く時も、ただ街を歩いているだけの時も、売れっ子作家になりきっていました。

これぞ、「ザ・ちょっとあほになる」。

でもこれ、冷静に考えたらだいぶイタイ人ですよ⁉　だけどこれこそが、妄想現実化のポイントなのです。

頭の中の私（＝売れっ子作家の私）をリアルに感じれば感じるほど、脳が「あれ？ どっちが現実？」と混乱してくれます。脳は現実も、ただの妄想（イメージ）も区別がつきません。

現実化していくのは、潜在意識に刻み込まれた「一番臨場感の強い意識」です。過去に実際に起きたことや、今、現実に起きていることは当然リアルなだけに、臨場感がたっぷりですね。

だから**放っておくと、現実は現状維持のまま流れていくことになります**。（ここも後ほどじっくりお話ししますので、覚えていてくださいね！）

普通ならばそうなります。

でも、ちょっと待った！ 私の本を買ってくれるようなあなたが、そんな普通でどうするんですか。

「今」や「過去」よりも、「こうなったらいいなの世界」を臨場感たっぷりに感じるんです！ そう、それには妄想がうってつけ!!

脳は「現実と認識した世界（＝臨場感たっぷりの妄想の世界）」と「本当の現実の世界」にギャップがある場合、そのギャップを埋めるためにせっせと働き、妄想の世界（＝願いがすべて叶った私）に近付こうと導いてくれるのです。

なんて素晴らしい！

そうして私のブログのアクセス数も少しずつではありますが増えて、ありがたいことに、たびたびランキングの上位に入るようになりました。

願いは一番いいタイミングで叶う

ですが、おや？

ブログを頑張っていれば来ると思っていた、出版社さんからの書籍化の相談が来ないではありませんか。

あんなに妄想していたのに。私の頭の中では、メッセージボックスにたくさんのメールが届いているのに。

おーい！　出版社の皆さーん！　私はここにいますよー！　と、まだ見ぬ編集者さんに何度もラブコールを送ってみましたが、私のメッセージボックスはひっそりとしたまま。やはりこの世にヘンシュウシャサンなんてお仕事の方は、存在していないのではなかろうか。

いいえ、違うのです。ただ私の目に映っていなかっただけで、編集者さんは確実に存在しています。

先ほどもお話ししたように、最初に「こうなったらいいな」と思った時点で、「こうなったらいいなが叶っている世界」＝「願いが叶った世界」はすでに宇宙のどこかに存在しています。今はまだ自分の目に見えないとしても、「願いが叶った世界」は確実に存在しているのですから、水面下では確実に「願いの実現」に向かって、物事が動いているのです。

そして、私がまだ見ぬ出版社さんと編集者さんを妄想していた頃、私は亜美衣さんのブログ記事で「企画のたまご屋さん」の存在を知ります。

「企画のたまご屋さん」は、著者志望の人と出版社さんをつなぐ機会をつくってくれる、私のような「本を出したい人」にとっての強い味方。

「よし、私も亜美衣さんと同じように、『企画のたまご屋さん』に企画書を出してみよう」と決めたのが２０１７年の2月頃。

鼻息荒く決意したものの、娘の小学校入学準備などに追われてしまい、手をつけられないままズルズルと過ぎていく日々。

ところがある日、私のスマホが、アメブロからの通知でブルブルふるえっぱなしという出来事が起こります。

「○○さんが読者になりました」「○○さんが読者になりました」、そんな通知が数秒ごとに届くのです。

いったい何なのだこれは。壮大なドッキリ⁉　それともスマホが壊れた⁉　いやそんなはずはない。これはきっと私の知らないところで、かずみん祭りが起こっている……‼

――そうなのです。そのかずみん祭りの正体は、亜美衣さんがご自身のブログで、私のブログを紹介してくださる!!　という、とんでもなく幸せなサプライズ！　きゃー！　**これぞ妄想以上の現実!!**　まさにスーパースペシャル幸せフェスティバルがやって来たのです!!

その日のアクセスは7万4000を記録。当時の私からすれば、目が飛び出るような数字です。

このスペシャルで幸せなフェスティバルを、さらにデラックスなものにしなければならない。そう感じた私は、光の速さで（ただの勢いとも言いますが）企画書を書き上げ、「企画のたまご屋さん」に送信しました。

そして数日後、「企画のたまご屋さん」の出版プロデューサー・たかひらさんからご連絡をいただき、配信が決定。私の熱い思いが乗った企画書は多くの出版社さんに配信され、その直後に2社さんからオファーをいただいたのです!!

かずみん流「引き寄せの法則」

うまくいかなくたって、そんな時もあるから大丈夫！　すべてが順調にいかなくても、自分にとって大切な願いなら手放さないでくださいね。

テレビやパソコンの仕組みもよくわかっていない私ですが、テレビは目に見えない電波のおかげで映像が映ります。携帯で通話ができるのも、電波のおかげですね！　電波も「思い」も「願い」も同じエネルギー。目に見えなくても、願いが実現するその時に向けて、プログラムはせっせと動いているのです！

「どうも気分が乗らない」という時は無理しなくても大丈夫。自分にとって必要なものなら、必ず「その時」は来ます。そして、「なんか気になる」「なんかやってみたい」そんな気分になった時には、動く！　とにかく動いてみる!!　そう、ここぞという時は行動するのです！

夢も恋愛も同じ。怖くても、やる時はやらねば!!

そしてやってきた、出版社さんとの打ち合わせ当日。

いよいよ、大きな願いが叶うかもしれない。

打ち合わせに向かう間も心臓はバクバクです！　方向音痴の私はちゃんと目的地にたどり着けるのか、心配でたまりません。

それでも、「私は売れっ子作家なの」という顔をして、気持ちだけでも売れっ子作家になりきって、すました顔で電車に乗るのです。

本当はすごく怖くて、不安でも、「願いが叶ってから」「すべての条件が揃ってから」ではなくて、願いが現実になる前から、そうなったかのように振舞ってみるのです！

そうすれば、ちゃんと現実が追いついてきてくれます。

「私は人気作家よ」という幸せな思い込み作戦が功を奏し、めでたく秀和システムさんで一冊目の出版が決まります。

そしてもう一つ、私が出版に関して夢見ていた妄想は、「憧れの亜美衣さんに本の推薦文を書いてもらう」というもの。

亜美衣さんにドッキドキの直談判をしたわけですが、この気持ちは「好きな人にメールしちゃおうかな」「デートに誘っちゃおうかな」という、恋する女性の思いとまったく同じ。

連絡したい、でも怖い。断られたらどうする？　冷たくされたらどうする？

それでも、断られたとしても、うまくいかなかったとしても、「好き」という気持ちは変わらないのです。

夢も恋愛も同じです。

どうしても叶えたいから、怖くなる。

本当に大切だから、怖くなる。

だからこそ勇気を出して、やらねばならない時があるんです。

ドキドキしながら、亜美衣さんにメッセージを送信。すると、お忙しいであろう亜美衣さんからすぐに返信があり、「ＯＫです」という嬉しいお言葉をいただきました！　これも妄想通りに願いが叶ったのです!!

何かを始める時、一歩踏み出すことが必要な時、もちろん恐怖心はあります。

もし「企画のたまご屋さん」で企画書が採用されなかったら？

企画書が配信されてもオファーが来なかったら？

亜美衣さんに断られていたら？

それでも、ただ「うまくいかなかった」という経験をしただけ。そこですべてが終わるわけではないんです。（もちろん落ち込む時は落ち込みますけどね！）

「かずみんはうまくいったから、そう言えるんでしょ」と思われるかもしれませんが、いえいえ！　うまくいかなければ、うまくいくまで、またチャレンジしただけのこと。「**叶うまで続ける**」だけです。

チャレンジしたのにうまくいかなかったとしたら、「今がただそのタイミングではなかった」だけかもしれませんよ。

大丈夫、その願いは叶うから頭に浮かぶんです。

きっとその夢が叶った世界は、もうどこかに存在していますからね！

まだ叶わないのは、最高の未来のため

一冊目の著書『ありえない「妄想」でお金も恋も引き寄せる！』の執筆が終わった直後、ダイヤモンド社さんから書籍化相談のメッセージが届きました。

まだ『ありえない「妄想」でお金も恋も引き寄せる！』が発売される前だったので、私のブログを見て「書籍化したい」と声をかけてくれたのです。

そうなのです！　覚えていてくれましたか？　出版社さんから次々と出版依頼が届く妄想と、それに反して「メッセージが来ない」といじけていた私の姿を。

時間差はありましたが、ここでもまた一つ、妄想が現実になったのです！

そして出版されたのが、二冊目の著書となる『「頑張らない」で引き寄せる！』（ダイヤモンド社）。

ありがたいことに、今も出版社さんから書籍化相談のメッセージが届く毎日が続いています。「メールボックスには次々と出版依頼が届き、嬉しい悲鳴をあげている私」も、ここで現実になりました。

「自分の目に映らない」＝「ない」、ではありません。自分の頭の中に浮かんでいるイメージや妄想は、現実になる「その時」を待っているんです。

「企画のたまご屋さん」に企画書を送るまでは、なんで出版社さんから出版依頼が来ないのと若干すねたこともあった私ですが、勇気を出して企画書を送ったことで、出版プロデューサーのたかひらさんや、編集者さんとの出会いがありました。今思えば、すべてが私に必要な道のりであり、最高の未来が用意されていたのです。

妄想が、なかなか現実にならない。

妄想とは違う現実が起きた。

そんな時も、嘆く必要はありません。妄想がなかなか叶わないのは、この先に最高の未来が用意されているから。妄想していた中身とは少し違ったとしても、自分にとって一番いい方法で叶うから。

「おお！」と驚くようなことやガッカリするようなことがあっても、安心して自分の未来を信じていてくださいね。

自分の未来を信じて「楽しみだな～」と、いい気分で幸せな感情でいる時間が長いほど、その幸せな感情は必ずなんらかの出来事となって、現実に反映されます。


ブログを書けば多くの方が記事を読んでくれて、毎日たくさんのコメントやメッセージが届く。

優雅に紅茶でも飲みながら、パソコンに向かってカタカタと原稿を打つ私。

まだ見ぬ編集者さんと打ち合わせをして、「増刷決定です！」なんていうメールを受け取り「ありがとうございます！」と返事を書いている私。

メールボックスには次々と出版依頼が届き、嬉しい悲鳴をあげている私。

――これらの妄想はすべて現実になりました。

私は「妄想しているから」次々と願いが叶っているわけではありません。

妄想して「幸せな気分になっている時間が長いから」次々と願いが叶って、さらなる幸せがやってきているのです。

私は「引き寄せの法則」の存在を知ってから、出版という夢を叶え、多くの方にブログを読んでもらうという願いも叶っています。

今、あなたの頭の中に浮かぶ幸せな映像は、現実になるその時を、今か今かと待っています。

その幸せな未来を呼び寄せる方法は、今、幸せを感じること。

自分をご機嫌にし、幸せにすることで、幸せな未来は必ず現実となるのです!!

第2章

恋は100%、妄想で叶う!

ドキドキする妄想で、恋愛を引き寄せる

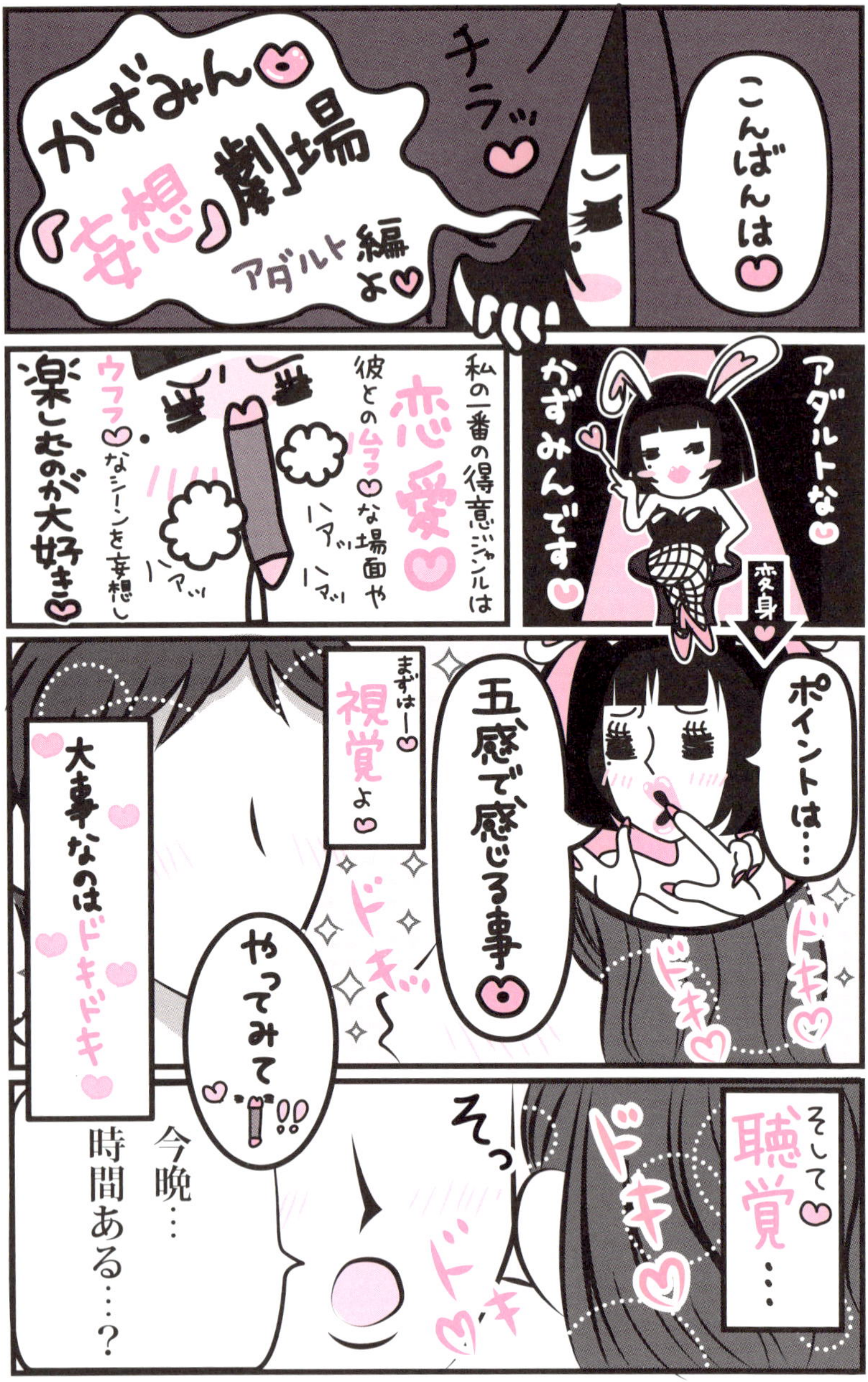
こんばんは
チラッ
かずみん
『妄想』劇場
アダルト編よ
アダルトなかずみんです
変身
私の一番の得意ジャンルは恋愛
彼とのムラムラな場面や
ハァッ ハァッ ハァッ ハァッ
ウフフなシーンを妄想し
楽しむのが大好き
ポイントは…
五感で感じる事
ドキドキ
まずはー視覚よ
ドキッ
大事なのはドキドキ
やってみて!!
そして聴覚…
ドキドキ
そっ
今晩…
時間ある…？

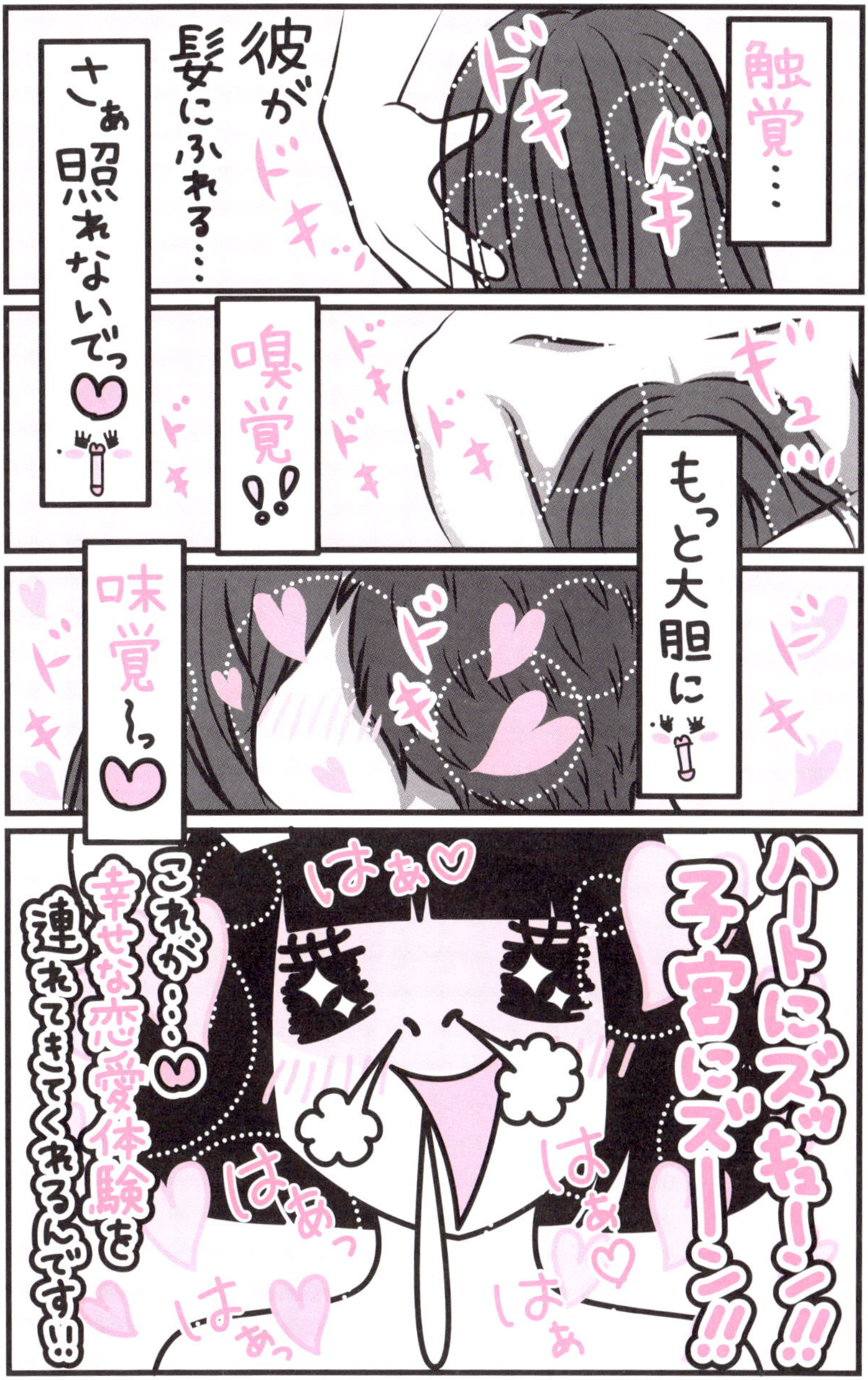
触覚・・・
ドキドキ
彼が髪にふれる・・・
ドキドキッ
さぁ照れないでっ♡
ギュッ
嗅覚!!
ドキドキ
ドキドキ
ドキドキ
もっと大胆に
ドキドキ
ドキドキ
味覚〜っ♡
ドキドキ
ハートにズッキューン!!
子宮にズーン!!
はぁ♡
これが・・・♡
幸せな恋愛体験を連れてきてくれるんです!!
はぁ♡
はぁっ
はぁ
はぁっ

今、幸せを感じるために妄想する

「嬉しいこと」に意識を向けていたら、また嬉しい出来事がやってくる。

「イライラする！　あー、イライラする！」と常に感じていたら、またイライライラするような出来事が目の前に現れる。

幸せを感じていたら、また幸せな出来事がやってくる。それは、恋愛の願いでもまったく同じ。

ということは、今、幸せを感じたらいいだけのこと。

はっ……！　そんな時こそ妄想……！　妄想の時間では⁉

「妄想」によって今、幸せを感じる！　最高ではないですか！

好きな人のことを、ただ思い出す
好きな人に、見つめられる
好きな人に、「好きだよ」と言われる
好きな人に、触《ふ》れられる

そんな恋愛妄想は「願いを叶えるため」のものではなく、
今！　幸せを感じるためのものなのです!!

どうしてもわかって欲しいところなので、暑苦しく叫んでみましたよ！

たかが妄想、ただの現実逃避とどこかで思いながらも、頭の中に浮かんでくるあの人の笑顔に、あの人の声。

なんと！　それだけで胸が高鳴り、にやにやが止まらないですよ！

妄想は現実逃避でも何でもなく、「今幸せを感じるための積極的な行動」なんです。

私は「妄想していたから」ではなく、**「妄想して幸せを感じていたから」次々と願いが叶い、現実化した**のでした。こんな私でも願いは叶えられるのです！

あなたにも、必ずできるのですよ。

ではここで少し、妄想の復習をします。

妄想して臨場感たっぷりに幸せな感情を感じるためには、視覚、聴覚、嗅覚、触覚、味覚の五感をフル活用するのがコツなんです。

そして妄想のもう一つのポイントは、「自分目線」であること。とはいっても、絶対に「自分目線」で「五感を使って」妄想しなければ現実化しないというわけではありませんよ！

ただ、「自分目線」で「五感を使って」妄想すると、映像がリアルに浮かび、胸がキューン!! としたり、「嬉しいいいいいい！」という感情を感じやすいために、全力でオススメしているんです。

特に恋愛妄想においては、「自分目線」と「五感を使う」妄想で、胸の高鳴りを感じやすいはずです。

さあ、それでは妄想トレーニングを始めますよ！

上手にやろうと頑張る必要はありません。何より「楽しむ」ことが大切ですからね。

視覚を使ったトレーニング

五感の中で一番簡単なのが、「視覚」です。好きな人の顔を頭の中で思い浮かべたり、欲しいものを頭に思い浮かべるだけで、バッチリ視覚を使っています。

ふと思い出して胸が高鳴る感覚があれば、頭に思い浮かべるモノは何だっていいんです。好きな人の瞳、彼の首筋、彼のガッチリした体つき、彼女の優しい微笑み、彼女の今にも折れそうな華奢な足首……。

好きな人の仕草を思い出すのもいいですよ！　男性がネクタイを緩める姿に、メガネをクイッと上げる姿、いいですよね！　女性のグッとくる仕草と言えば、

髪を耳にかける仕草に上目遣いでしょうか⁉

おっと、少し昭和な感じが漂ってしまいましたが、まあ気にしない！　自分をドキッとさせてくれる仕草なら、何だってアリなのです。

大好きなあの人の姿や仕草を思い出して、思う存分ドキーン！　キューン！と感じましょう。大事なのはこの「ドキーン！」と「キューン！」ですからね♪

「りんご」

え、急に⁉　本書ではたまに「妄想抜き打ちテスト」が出てきますので、油断しないでくださいね。

さて、「りんご」という文字を目にして、赤くて丸いものが浮かびましたか？くっきりはっきり頭に思い浮かべることができなくても、ぼんやりとした形でもいいんです。

「おいしそう」「食べたい」「ちょっと苦手」、このような何かしらの感情が湧いたなら、それでＯＫ。

妄想なんて「こんなもん」でいいのです。

そう！　「ちゃんとやらなきゃ」より「こんなもんで大丈夫ー♪　ちゃんとできてるー♪」でいいんです!!

聴覚を使ったトレーニング

続いて「聴覚」です。

聴覚もかなり、ドキーン！　とキューン！　を感じやすくて、特に好きな人の声というのは、女性は子宮にダイレクトにずーん！　と響きやすいのです。

「自分が好きな声のタイプ」を探ってみるのもいいですよ！　俳優さんや声優さん、ミュージシャンなど、「この人の声、好きだな」と思う人をリストアップして「マイフェイバリット・ボイス」リストをつくっておきましょう。

え？　「マイフェイバリット・ボイス」なんてつくって、何に使うのかって？

気持ちが落ち込んだ時に、その「マイフェイバリット・ボイス」の方々の声を聴いて、ただ癒されるのです！　好きな人の声を聴くだけでキューン！　ときめきを感じるのはもちろん、なぜかホッと安心し、男性らしさや女性らしさを感じることもできる。声っていいですね！

声フェチ万歳！

おっと、ちょっぴり興奮してしまいましたが、そんな私は浜田省吾さんの声が大好きですよ！

そして、想像力を遺憾なく発揮して、ぜひ妄想してみて欲しいのが、好きな人の寝起きの声。夜寝る前の電話での話し声や、朝、目覚めてすぐの声を妄想してみてください。

いつもとは違う、ちょっぴり特別な存在になれた感のある、少しかすれた無防備な声は、胸をときめかせてくれるはずですよ！

嗅覚を使ったトレーニング

次は「嗅覚」です。嗅覚はなかなか難しい部分もあるので、無理に思い浮かべようと頑張らなくても構いません。私も妄想の中で嗅覚を活用したことはあまりないですが、「香り」って記憶に残りやすいらしいですね。

確かに、ふわっと漂ってくるシャンプーや柔軟剤の香りは、印象に残るもの。彼や彼女が決まった香水を使っているなら、同じ香水を買ってきて、こっそり嗅いでみる。好きな人の使っている柔軟剤は何かリサーチしてみて、同じものを使ってみる。そしてその香りを嗅いで、頭にインプット！

これでいつでも妄想の中で、好きな人に包まれているような感覚を味わえるじゃないですか！　ちょっと変態チックですが、犯罪じゃありませんから大丈夫！

恥ずかしがっていてどうするんですか！

五感を使っての妄想を、自由に楽しんでみましょうね！

触覚を使ったトレーニング

はい、続きましては「触覚」です。大好きな人に触れ、大好きな人に愛おしそうに触れられる。それはとても幸せな時間ですね。なら今、感じちゃいましょう！　さあ！　さあ！

彼の指は、あなたの指よりは少しゴツゴツして、カサカサしているかもしれません。その指が、あなたの髪、ほほ、手、そしてあんなところや、こんなところに触れるのを想像してみてください。

触れるのは指だけではありません。手のひらで、唇で、あなたを壊してしまわないように、優しく触れてくるはずです。荒々しいけれど、決して傷つけたりはしない、そんな優しい彼のすべてを感じてみてください。

ドキドキしてきたら、妄想大成功ですよ！　今、確実に頭の中では「彼に愛されている私」になっています。

たかが妄想、ではありません。その**「ドキドキを感じる心」**が**「ドキドキする現実」を連れてきてくれるのですよ！　恥ずかしがっていてどうするんですか！**

最後は「味覚」ですね。やはり妄想世界で味覚を詳しくお話ししてしまうと、放送禁止用語が多数入ってしまいますよ！

恋愛妄想に限って言えば、味覚も嗅覚と同じで、少し難易度が高い感覚かもしれません。（食べ物を引き寄せたいなら、味覚も嗅覚もオススメですけどね！）

ようこそ、「妄想」の世界へ

五感について詳しく、ちょっぴり興奮しながらもお伝えしてきましたが、全部を感じろというわけではありません。視覚、聴覚、嗅覚、触覚、味覚のうちのどれか、自分が得意な感覚だけで十分です。

大事なのは「何を妄想するか」ではなくて**「自分が臨場感たっぷりに感じた感情」**ですからね！

妄想の中身など、取るに足らないこと。大切なのは、「感情」です。

さあ、それではここでほんの少し、妄想の世界に旅立ちましょう。

朝、目が覚めると漂うコーヒーの香り。

まだ寝ぼけてるあなたの耳に、彼の声が届きます。

「おはよ」

「……おはよ」

彼が一緒にいる朝に、幸せと安心を感じたあなた。

彼はどんな服装で、何をしてる？

Tシャツ？　まだパジャマ姿？

携帯をチェックしている時の彼の横顔は？　少し髭が生えてる？　いつもはかけない眼鏡をかけてる？

普段は目にしないリラックスした彼の姿を見たあなたは嬉しくなり、「ふふっ」と笑ってしまいます。

そんなあなたに彼は何て言う？

優しくあなたを見つめて「どうしたの？」と言う？

少し照れて、ぶっきらぼうに「なんだよ」と言う？

いたずらっ子のような表情で、まだベッドにいるあなたに近づいてきた彼。

昨日の夜のように、再び彼の腕の中に包まれたあなた。

彼はあなたを見つめ、嬉しそうにこう言います。

「早く起きないかなって、待ってたんだ」


はいここー!!


コーヒーの香りはしましたか？　彼の声は、思い出せましたか？　彼の目は？

あなたを抱きしめる彼の腕の感触は？

優しく抱き締められる？

ぎゅうっと強く抱き締められる？

抱き締められた時のあなたの感情は？

ドキドキ？　幸せ？　「やっぱりこうなると思ってた」という安心感？


もう一ついきますよー！

慣れた手つきであなたを抱き寄せる彼。
そんな彼にドキドキしながらも、
（私だけが緊張しているみたいで悔しい）
そんな思いを抱きつつ、彼の胸に包まれます。
ふと彼の唇があなたの唇に触れ、何度も愛おしそうにキスをしてくる彼に、
（なんでそんなにキスが上手なの）
（他の人にもしたの）
（他の人とは何回したの）
（他の人のことも、こんなふうに愛したの）
（……バカ）
ちょっぴり嫉妬心を感じながらも、今の彼はあなただけのもの。
（もう他の誰にも、こんなキスはしないで）
そんな思いを込めて、ぎゅっと彼に抱きつきます。
「……ねえ」

「ん？」

「……もっとして」

はいここー!!

あなたの髪や背中を触る彼の指の感触は？

彼の胸に包まれた時のシャツの感触は？

彼の胸から聞こえてくるドキドキと、自分の鼓動の音は？

あなたの唇を包む彼の唇は柔らかい？

彼の息の香りは？　コーヒー？　タバコ？

これらのシーンをすべて、完璧に頭に思い浮かべなくても大丈夫。私の頭の中の妄想シーンをＤＶＤにしてお見せしたいぐらいなのですが、私が頭に思い浮かべている映像はくっきり、はっきりしているわけではありません。結構、ぼんやりとしているのです。

頭の中の映像をはっきり鮮明にしようと、そちらに意識が向いてしまうよりも、ただ自然に頭に思い浮かぶ映像や、思い出せる音や感触の一部分を採用！　どんな映像でもいいし、一瞬の場面でも大丈夫。その一部分をリアルに感じて、キューン!!　と感じるのです。

彼に髪を触れられた時の感触
彼のゴツゴツした指
彼が着ている服の色
彼の少しかすれた声
コーヒー味の、彼の息の香り

本当に何でもいいし、どれか一つだけでもいいんです。自然に、はっきりと頭の中で思い出せるもの、思い浮かべることができるもの、それを何度も頭の中に思い浮かべて、何度もキューン!!　と感じ、何度もにやにやするんです！
私は妄想のストーリーをつくることが上手なわけではなく、妄想の世界に入り込むことが得意だっただけ。

甘えたら、彼が受け入れてくれる安心感

求めたら、彼が応えてくれる幸せ

それを、今感じてくださいね。

妄想が未来をつくる

何度も繰り返しますが「たかが妄想」ではありません。**妄想は、未来を創造する種になるんです**。妄想しながら感じている胸の高まりや幸福感は、本物なんです。「妄想しながら感じている感情」は、つくりものや偽物じゃないんです。

妄想の中の私が喜んでいたら、現実の私も嬉しい。（現実の私はただ妄想しているだけなんですよ?・）

妄想の中の私が幸せを感じていたら、現実の私も幸せ。（現実の私はただ妄想しているだけですよ?・）

好きな彼がいて、妄想の中で彼に愛され、大切にされている。

妄想の中の「彼に愛されて、大切にされている私」の感情と、現実の「今妄想

している私」の感情は、完全に同化しているんです。

「彼に愛されて、大切にされている私」を妄想していても、「妄想している現実の私」が「いつかこうなったらいいのにな」と思っていたら、叶うのは「〝いつかこうなったらいいのにな〟と思っている私」です。

「〝いつかこうなったらいいのにな〟と思っている私」が今も叶っているし、これからも叶い続けるんです。

大好きな人に愛される幸福感は、必ず現実になります。現実になるその時まで、思う存分、妄想の中で予行練習しておいてくださいね！

どんな妄想でも大丈夫！

妄想にもいろいろな種類がありますね。

たとえば、にやにやが止まらないような妄想。私の場合、旅行している妄想や、自分の欲しいものを手に入れた妄想は、にやにやが止まりません。にやにや妄想＝自分を楽しい気分にさせてくれる妄想、と言えるでしょうか。

また、好きな人を思い出したり、可愛い赤ちゃんや動物を見て胸がキューン！とするような妄想もありますね。これは、ときめきを与えてくれる妄想。

恋の妄想の世界に入り込んで、ほわ〜と口が開いて、思わずよだれが垂れてしまうようなこともあります。

感情だけじゃなく、子宮にずーん！　つーん！　と響いて、体まで反応してしまうような妄想。実は私の妄想は、これが一番多かったりします。この妄想をＤＶＤにしてしまうと確実に18禁になってしまいますが、心も体も反応するオトナな妄想は、かなりオススメなんですよ。

妄想の世界は他の誰にも見えません。自分が好きなシチュエーションで、好きなようにやっちゃいましょう。

現実は、知らん

もちろん、何度もお伝えしているように妄想に正解はありません。自分の心が幸せを感じたなら、それで良し。

「にやにや」や「ほわ～」を感じたなら、妄想大成功のしるしです！

妄想の中で感じた、恋をした時のあの胸の高まり、ときめき、切なさ、彼に選ばれた優越感に、幸福感。それらは必ず現実になる時が来ます。

今の現実がどうだとか、知らん！

とりあえず今の現実は横に置いておき、妄想の世界に入り、すべての願いが叶った私になりきって、妄想を楽しんでください。

ぼーっとしてしまったり、口がほわ～っと開いてしまったり、やたらにやにやしてしまう副作用もある妄想ですが、それらについては諦めましょう。

冷静さを保っていたり、歯止めをかける妄想なんて、意味がありません。本気でぼーっとして、にやにやしてこそ妄想の本領発揮!!

誰かと一緒にいる時、つい妄想してしまって、「どうしたの？」と心配されたら、「うん、世界中に笑顔があふれているところを思い浮かべてた」と爽やかに答えておきましょうね！

自分を〝ご機嫌で幸せ〟にする

もともと妄想が苦手な方や、妄想は好きなんだけど、どうも妄想する気分ではないという時。

そんな時は、無理に妄想することはありません。私のブログで何度も書いていますが、私も妄想をしたくない時はしないし、頭に自然と場面が浮かんできて幸せな気分になる時だけ、妄想を楽しんでいます。

妄想を義務でやるなんて、もったいない！　妄想は自由だ‼

妄想も食事も同じ。「やらなきゃ」「食べなきゃ」じゃなくて、楽しみながらすることで人生に彩りが増すのですよ！

では、妄想したくない時はどうしたらいいの？　という疑問を持たれる方もいらっしゃることでしょう。

引き寄せが「自分がより多くの時間、感じているもの」を連れてくるのなら、**できる限り幸せや喜びを感じる時間を増やせばいいのです**。

そう！　積極的に！　貪欲に！　幸せを感じていくのです！

その手段はもちろん、妄想だけではないですね。ドキドキしたり、にやにやしたり、ぽわーんとしたり。

積極的にドキドキして、にやにやして、ぽわーんとしていれば、またドキドキして、にやにやして、ぽわーんとするような出来事が起きる確率が高いのですよ！

いや、きっと起きるのです！　それが「引き寄せの法則」、宇宙の法則なのですから！

それには、「自分がどういったものが好きか」を知ること。まずはそこが大切です。

自分は何が好きで、何をすると「嬉しい」と思うのか？
何を見ると胸がキューン！とするのか？
何をしていると心が満たされるのか？
どんな人と、どんな関係を築いて、どんなふうに過ごしたら安心するのか？
どんな人が、どんな言葉をかけてくれたら幸せを感じるのか？

正解は人それぞれです。漫画でも、ドラマでも、映画でも、何でもいい。一見、恋愛とはまったく関係なさそうな場所でも、そこが自分の好きな場所だったり、ホッとする場所なら、どんどん出かけましょう。公園や、スポーツ観戦が好きなら一人でスタジアムに行くのもいいですね。そこで出会いがある・ないではなくて、自分から出ている「楽しい！」という波動が、また素敵な現実を呼び寄せてくれるんです。

意識して自分をご機嫌にし、自分を「幸せ」な状態に置く。もちろん、無理せずにできる範囲で大丈夫。

「自分で自分を楽しませる」ことを日々徹底してくださいね。

意識して言葉を使う

また、妄想だけにこだわらず、「言葉」を味方につけるのもいい方法です。「叶った！」「できた！」「会えた！」「やったね！」「嬉しいね！」「ひゃっほう！」「ルンルンルン！」と、自分の気分が上がる言葉を口にしたり、文字にして書く。叶ってから、ではなくて、叶う前からやる。そうすることで、現実が追いついてくるのです。

「願いを叶えた私」が言うであろう言葉を選び、「願いを叶えた私」がとるであろう行動をとっていってくださいね。「本当に願いが叶うのかな」と不安になることがあっても大丈夫。どうしようもない不安や心配事は紙に書いて吐き出し、それからまた少しずつ「願いを叶えた私」が言う言葉を口にしてください。

彼を引き寄せる妄想 〜実践編〜

妄想力で恋が叶ってきた私ですが、恋を叶える自信があったわけではありません。私自身、奥平亜美衣さんの本で「引き寄せの法則」を知るまでは、「なんでいつも好きになった人と、うまくいくんだろう?」と不思議に思っていたものです。

好きな人って、とても遠い存在に感じますよね。たとえすぐ会える関係の人であっても、それは同じ。「好き」の思いが深ければ深いほど、

あの人が私に気付くはずがない
あの人が私を見つけるはずがない

あの人が私を選んでくれるはずがない
あの人が私を好きになるわけない

そんなふうに思ってしまうのが恋というもの。だって、あの人は他の誰にも代わりはできない「特別」な存在ですから。

私も確かにそう思いながらも、恋はすべて叶ってきました。最初の恋はもちろんのこと、二度目の恋も三度目の恋だって。いつも、「前はなぜかうまくいったけど、次の恋もうまくいくなんて、まさかな」なんて、確かに「思っている」んです。

思いながらも、何度も頭の中で「私のことが大好きな彼」をつくって、会いに行くんです。

そう、妄想のお時間ですわ！

彼の声を独り占めできる日が来るなんて、思っていなかったし、

彼がこんなに優しく私を見つめてくれる日が来るなんて、思っていなかったし、
彼が私に「好きだよ」と言ってくれる日が来るなんて、思っていなかった。

思っていなかったけど、いつも頭の中で、

彼が私を愛おしそうに見つめている
彼が私の耳もとでささやいた
彼の髪を触った
彼の胸に包まれた
彼に何度も求められた

恥ずかしがって隠す私の手を取って、何度もキスをされた。
眠る前の少しかすれた声も、寝起きの声も、ボサボサの髪も、はだけた胸元も、
彼の汗も、全部私だけのもの。

はいここー!!

こんな状況を頭の中で何度もつくり、何度も思い浮かべるんです。

こんな映像を思い浮かべながら、毎晩眠りにつくんです。

「彼が私を選ぶわけない」という「思い」より、「妄想しながら感じている自分の感情」のほうがより臨場感が強いために、自分の中での「本当」になっていくんです。

彼に抱きしめられている時の感情

彼に耳もとでささやかれた時のゾクッとする感じ

彼に触れられた時の肌の感覚

彼に優しく見つめられている時の安心感

→こっちこっち！

現実よりもこちらの妄想のほうがリアルに、臨場感たっぷりに感じられるようになるんです。

放っておくと現状維持に流される

過去に実際に起きたことや、今現実に起きていることは、当然、臨場感たっぷりですよね。

だから**放っておくと、現実は現状維持に流れていく**。

違う違う！　ほらまたそれだと**ちゃんとしてしまっている！**

そこで妄想の出番ですからね！

「今」や「過去」よりも、「こうなったらいいなの世界」を臨場感たっぷりに感じる。脳はただ「臨場感が強いもの」を「現実」として認識します。「現実」になっていくのは、潜在意識に刻み込まれた「臨場感の一番強い意識」なんです。

このようにして「いやいやまさか」と思っている妄想も、いとも簡単に現実になっていくのです。

妄想の中で何度も会っている、あなたのことを大好きなあの人。

「あの人」も、現実のものになります。

彼の話し方や触り方は、妄想の中よりもずっと優しくて、きっともっと好きになる。ベタすぎるけど、「このまま時間が止まったらいいのに」なんて思ったりもする。


そんな現実は、必ずやってきます。

うまくいかない時はどうする？

妄想もしてみたし、自分の好きなことをして、好きな場所に行って、自分をご機嫌にしていたのに、彼にフラれた……！　もしくは勇気を出して告白したのに、彼に「その気はない」と言われたり、めでたくお付き合いが始まったのに、彼と音信不通になったり、恋が始まる以前に、彼には彼女がいたり、結婚していることが判明したり……。

「えええっ⁉」というような爆弾が、突然落ちてくることもありますね。

「引き寄せの法則」は、自分以外の誰かを思い通りに動かせる法則ではありません。いい妄想をしていたのにそれが現実にならず、恋がうまくいかなかった。その理由はさまざまなので、一言では言えません。

自分を幸せにしていたつもりが、現実を見ている時間のほうが長かったのかもしれない。元からあった不安や恐れが、たまたま今、現実化したのかもしれない。

起きた出来事を変えることはできません。ですが、その起きた出来事を「自分にとって良かった出来事」に変えることはできます。（出来事によっては、傷が癒えるまで時間がかかることもあると思いますが。）

「今はつらいけれど、これも私にとって必要な出来事だったんだ」と受け入れてみてください。

昔、付き合っていた人にフラれ、涙が枯れるほど泣きましたが、必死にその事実を受け入れ、彼が元気であることと、彼の幸せを願い始めた頃、「もう一度やり直したい」と彼から連絡が来て、フラれる前よりもさらに仲良くなれた、という体験をした女性がおりました。

んんっ⁉　これが私のことかどうかはさておき、彼にフラれたとしても、それはただ、彼は今、あなたとお付き合いできない何かの「理由」があるというだけのこと。それが不幸なことかどうかなんて、まだ何も決まっていないのですよ。

仕事に打ち込んでいて、今は恋愛という気分ではないだとか、はたまた過去にトラウマがあり、今は恋愛したくなかったり、あるいは彼には彼女がいたり。

これらの現実を目の前にして「あなた」はどうなのか。

「新しい恋を探してみようか」

そう思うなら、きっとそれが正解です。

「わからない」ならば、今は「わからない」でもいいんです。「答えが出るといいな」と願うんです。「何も考えられない」なら、考えなくていいんです。心も体も休ませてあげてください。

「それでも彼のことが好き」ならば、「私は彼のことが好き」でいいんです。

彼に何か事情や理由があったとしても、その事情や理由をどうにかするのは彼の役割であり、あなたではありません。

「どうしても彼がいい」のなら、今彼が抱えているアレコレな事情が落ち着くまで、信じて待ってください。

「どうしても彼がいい」のに「彼がこっちを見てくれない」のなら、自分の意識の矢印を「彼」じゃなくて「私」に向ける必要がある時期なのかもしれません。

自分の「本当の願い」を知る

「彼のことが好きだから、彼と結婚して子どもを産みたい」。こう思うのも、女性として自然な感情だと思います。「いつか彼と結婚して子どもが産まれたら、なんて幸せだろう」。そんなふうに思えるほど好きな人に出会えたなんて、とても素敵なことです。

だけど、「私ももう歳だから」なんていう自分の都合で、彼の都合は無視して「早く私と結婚してよ」と自分の思いを押し付けるのは、ちょっと待った！

愛は二人で育てていくものです。どちらかの思いを一方的にあげっぱなしでも貰いっぱなしでも、バランスはおかしくなってしまいます。

大事にするべきなのは、いつだって**自分の本当の願い**です。

「幸せのゴール」は決して「結婚」ではありません。結婚していてもギスギスした関係では意味がありません。

結婚していても文句ばかり言ってる人もいますよね？　おっと！　心の声が外に出てしまいましたよ！

大好きな人と同じ時間を過ごし、おじいちゃんとおばあちゃんになっても相合傘をしたり、手をつないで歩いたり、そんな穏やかな毎日を過ごしたい。

本当の願いは、こういった幸せではないでしょうか。その願いが叶う手段として、結果的に「結婚」という形になるのかもしれません。

彼への、ただ「好き」だという気持ち。どうか彼が幸せでいて欲しいという気持ち。そして、もしも、その隣で一緒に笑っているのが私だったら、本当に嬉しいんだけどな、という気持ち。

これを大事に大事に、心の中で温めていてください。

それができた時、「結婚して子どもを産みたい」という願いも叶う方向へ動き出します。

自分を幸せにする妄想を大切に

縁がある人とは、ちゃんとつながるようにできています。

だから安心して、今は自分のために時間を使ってください。

彼に彼女がいたり、彼が結婚していたり、彼のことを好きな女性が他にもいるという場合もあるかもしれません。

この場合も、その女性に対してあなたができることは何もありません。

あなたが彼とのウフフを望んでいるなら、彼とのウフフだけをあなたの物語に採用してください。第三者の存在は、いりません。お呼びじゃありません。

彼は彼の幸せを選びます。ただそれだけです。

だからあなたも、**「自分を幸せにすること」「自分を幸せにしてくれる妄想」に時間を使ってください**。

繰り返しますが、「引き寄せの法則」は、自分に都合よく誰かを動かせる法則ではありません。誰かに自分を幸せにしてもらう法則でもありません。

自分で自分の幸せに責任を持てるようになった時、世界は変わり始めます。

彼はこうかもしれないけど、私はこうだ。

今の現実はこうだけど、私はこうでありたい。こうなりたい。

大事なのは、そこです。

（うまくいっていないであろう）今の現実について語り、嘆くほど、そのうまくいっていない今の現実に、パワーを与えてしまっています。

意識を向けるのは「外」じゃなく、自分の「内」ですよ！

「ツラいよ～」って時の対処法

ここまでを読まれて、「言ってることはわかる。だけどツラいんだよ。助けてよ」、そんな気分の時。

そんな時は、「なんでこんなことになったんだろう？」「私の何が悪かったんだろう？」と原因探しをしてしまいがちです。でも、まずは傷ついてしまった自分の心を癒してあげるのが先です。泣いている小さな子どもを慰めるように、自分をヨシヨシしてあげてくださいね。

誰かにひどいことをされたり、言われたら、「ふざけんな」と怒ったっていいんです。自分の心が怒っていたら「そんなのないよね！」と一緒に怒って、自分の心が泣いていたら「つらかったよね」と一緒に泣いてあげてください。

「幸せな気分でいなきゃ、幸せになれない」

「頑張らなきゃ、願いは叶わない」

「彼を許さなきゃ、思いは届かない」


こんな思い込みは、いりません。

つらい時は泣いて、怒りたい時は怒って、悔しい時は大暴れして、「もうダメだ」と思ったら「もうダメだ」と落ち込んでも、それでもちゃんと「叶う世界にいる」と信じてください。

え？　突如現れた「叶う世界」ってナニ？　と不安になった方。

頭では「こうなったらいいな」と思いながらも、

「どうせうまくいかないだろうな」

「やっぱり厳しいかな」

「たぶん無理だろうな」

と、うまくいかない理由ばかり探してしまう。これは、自分から「叶わない世界」を選んでしまっています。

今の思考が、未来をつくる

「これから先の未来」に、過去の経験や人から言われたことなど、余計なデータは必要ありません。

過去にうまくいかなかった体験があったとして、その「うまくいかなかった時」の自分の感情があまりにリアルだから、

「(望んでいないのに) こうなるだろうな」
「(望んでいないのに) どうせ、こうなっちゃうんだろうな」

と、あっさりその思考を受け入れてしまって、その思い通りに、「ほら、やっ

ぱりうまくいかなかった」という結果を呼び寄せてしまっているのです。

「今現在起こっていること」は「過去の自分の思考の結果」が、現実に反映されたもの。

「今」は過去の思考がつくったもの。
「未来」は「今」の思考がつくるもの。

だから、**今！　今の思考次第で、未来はいくらでも変えることができるのですよ！**

過去や今が「こう」だったからといって、未来も「こう」だとは限りません。

過去や巷の常識など、余計なデータに意識を向けるほど、その余計なデータはパワーを持ってしまい、また現実化してしまうのです。

意識を、望む未来、「こうなったらいいな」という思いのほうに向け、パワーを注いでください。

自分の未来を、信じてくださいね！

「余計な思考」を抱えない

願いが生まれた時にどうしても頭をよぎってしまう、

「どうせうまくいかないだろうな」

「やっぱり厳しいかな」

「たぶん無理だろうな」

という思い。

本気だからこそ、不安になることもある。それもわかりますが、あまりにもこうした「余計な思考」を大事に抱えすぎている方が多いのも事実。

余計な思考は「無理だろうな」「叶わないだろうな」という思いだけではありませんよ。

好きな彼がとても遠い存在だ
好きな人は有名人だ
彼は結婚している
彼には彼女がいる
彼と歳が離れている
彼のことを好きな人がいる（恋のライバルがいる）

「だからきっと、無理なんですけど……」という相談を受けることがあります。そんな方に対して「無理じゃないよ！　大丈夫！」と簡単に言うことはできませんが、でも、「叶わない」という思いはそっと横に置いておいて、まずは「好き」という気持ちを大事に持っていてもいいじゃありませんか！

人を本気で好きになるなんて、人生でそう何度もあることじゃありません。あなたの心をそんなに夢中にさせる、魅力的なあの人。どれほど素敵な人なんでしょう！　そんな素敵な人に出会えたことにまずは幸せを感じて、そんなに素敵な人と出会った自分に、自信を持ってください。

「だけどあの人はもう結婚している。なんで⁉」と現状を嘆きたくなる気持ちもわかります。やはり、ツライものはツライ。

それでも、彼を自分の思い通りに動かそうとしないで、無理に現実をコントロールしようとしないで、「彼のことが好き」の思いを大切にしてください。

「好き」の気持ちを大事にして、彼の幸せを願えた時、何が起こるかはわかりません。もしかしたら結婚していた彼が、離婚することもあるかもしれない。

おお！　なんだかとてもブラックなことを言っている気がしますが、これは決して彼の不幸を願うわけではなくて、ごく自然な流れとして、こういったことが起きる可能性も十分にあるということです。（決して、彼や、彼の家族の不幸を願ったりはしないでくださいね。何かを奪おうとする波動は自分に返ってきます。）

彼とは違う人と、別の恋愛が始まるかもしれない。

有名人の彼と何かの拍子で出会えたり、名前も連絡先も知らない彼と、知人を通してつながりを持つなど、びっくりするような展開が待っている可能性も大ありなんです。

少し先の未来は可能性のカタマリなんですよ！グッバイいらん思考、ウェルカム幸せサプライズ！

余計な思考を0にしなくていいし、0にしようと頑張る必要はありません。が、今より80％ほど増しで、幸せサプライズのほうを採用してみましょうよ！

亜美衣さんの本に出会い、にやにや人生が幕を開け、自著の出版という夢にたどり着いた私のように、ほんの少しのきっかけから始まって、生活が激変することだって十分ありうるのです。

たった一通のメールから、一本の電話から、ある人との偶然の出会いから、世界が変わることもあります。

生きていれば何が起こるかわかりませんから！　「どうせ無理」のほうにパワーを注がないようにしてくださいね。「うまくいかない理由探し」はやめて、ただ「好き」の思いを大切にしてください。

あなたを好きになった、それだけで幸せ

私の元には、読者の皆さんから質問や相談のメッセージの他に、「彼とうまくいきました！」「ブロックされていた彼から連絡が来ました！」「復縁が叶いました！」という嬉しいご報告も届いています。

うまくいく方の共通点として、とにかく「好き」という気持ちを大切にしているということがあります。

今、目に見える現実にとらわれずに、ただ彼を好きになったことに幸せを感じ、彼の幸せを願うことで、現実が変わっていくのです。

好きな人がいる、それだけで本当に幸せなことです。

彼のことが好き、彼と一緒にいる時間が愛おしい、彼の姿を見ただけでも幸せな気分になる。

ただですよ。

私を見て。私に気付いて。私を好きになって。私だけのものでいて。

恋をすると、どうしてもお相手に求めてしまう。それも、自然な感情です。

求める気持ちはあるけど、それをそのまま彼にぶつけないことです。彼に何かを求め、それを強要するほど、愛は遠ざかっていきます。

彼に「〇〇してよ！」とトゲトゲの波動をぶつけないで、その思いはふんわりと、彼と宇宙に届けましょう。

「こうなったらいいな〜」

「こうなったら幸せだな〜」

「こうなったら嬉しいな〜」

と、思い浮かべてみる。

これで、**宇宙へのオーダーは完了**です。

彼に対して、なんでもかんでも我慢と遠慮をして、いつもニコニコ笑っていろと言っているわけではありません。「○○したい」「○○して欲しい」と彼に求めたり甘えたりするのはいいのですが、それを彼が聞き入れてくれるかどうかは、また別の話。「私、あなたに思いを届けるけど、受け入れても、受け入れなくてもいいよ～」と、彼に選択の余地をつくってあげましょう。

もしもあなたと一緒に過ごせたら、とっても嬉しい。
だけど一緒にいられなくても、私は幸せだからね。
（だって妄想してるだけで楽しいし！）

あなたがもしも私のことを好きに

なってくれたら、とっても嬉しい。
でもそうならなくても、あなたを好きになったことだけで十分に幸せ。
(だってガトーショコラもおいしいし！)

あなたのことが本当に好きだけど、あなた以外にも、私を幸せにしてくれるものはたくさんあるよ～と、余裕をぶっこいてみましょう。

幸せを自給自足する

もし、彼が叶えてくれなかったら、自分で叶えたらいいんです。

彼に言って欲しい言葉を、彼が言ってくれるその前に、自分で自分に言ってみましょう。「痩せてキレイになったね」「肌がキレイだよね」「世界で一番可愛いよね」って。

そんなこと自分で言っても虚しいだけって？

いいえ、とんでもない！

自分で自分に言ってあげることで、自信がつき、確実に言動も変わってきます。そんな嬉しい効果もあるので、自分のことはたくさん褒めてあげてくださいね。

彼に埋めて欲しい心の空白を、まずは自分で埋めるんです。自分がしたいことをして、行きたい場所に行って、食べたいものを食べて、自分で自分を満たしていく。（私の場合、その〝自分で自分を満たす行為〟のほとんどが「妄想」だったわけですね！）

あの映画も、あの曲も、あのカフェも、あのスイーツも、あの俳優さんも、私を幸せにしてくれる。

スーパーで優しくしてくれた店員さんも、道を譲ってくれたドライバーさんも、すれ違いざまに手を振ってくれた小さな男の子も、みんな素敵だった。

でも、彼の代わりは誰にもできない。

私の一番は、あなた。

そんな自分の思いを大事にすることも、「自分を大切にする」という立派な行為です。

すべてにおいて、100％を目指そうとする必要はありません。完璧にできなくたって、大丈夫。24時間中24時間、彼に求めていたとしたら、24時間の中の5分でも、自分で自分を満たす時間に変えていく。そうすると、彼に求めてばかりだった時間が少しずつ変わって、ただ彼のことを「好きだな」と思う優しい時間に変わっていくんです。

その5分が1時間に増えたり、3時間に増えたり、また2時間に減ることもあるかもしれない。それでも、彼を思う優しい時間が増えるほど、現実は不思議なほどに変わっていきます。

これは皆さんに、「そうしなきゃいけない」「そうならなきゃダメ」なんて、強制したいわけではありません。ただ本当に「こうなったらこうなる」というお話なので、こんなふうにお伝えするしかないのです。

その思いは本物？

「彼のどこが好きなんだっけ……」と考えても、彼の好きなところを思い出せないようなら、「彼のことが好き」とは違う別の思いがあり、彼に執着しているのかもしれません。

「彼にフラれたから悔しい」「別の人を選ぶなんて許せない」「一緒に過ごした時間を取り戻したい」などという、自分の内側にあるなんらかの思い。

もしもそういう思いが隠れていた時は、その思いを彼にぶつけるようなことはしないで、まずは自分をヨシヨシですよ！　そう思ってしまう自分の気持ちに寄り添いつつ、本当に自分が欲しいものは何か、自分に問いかけてみましょう。

本当に彼のことが好きならば、見たいのは彼が謝っている姿でも、困っている姿でもなく、幸せそうな彼の姿のはずです。

今、心にぽっかり空いてしまった空白があるのなら、その空白を埋めてくれる誰かは必ず現れます。

重要なので繰り返しますが、「引き寄せの法則」は誰かのことを思い通りにできる法則ではありません。あくまで、**自分がまとっている波動や、自分が放っている波動が自分の元に返ってくる法則です**。

幸せそうに笑っている彼の姿が見たい。そして、もしもその隣に私がいたら、本当に嬉しい。

そんなふうに思えたなら、その「好き」の気持ちを大切にしてください。「好き」の波動は愛でできています。某頭痛薬の半分が優しさでできているのなら、

「好き」の99%は「愛」でできていますよ！

誰かを好きだと思うその優しい波動は、きっとまた優しい現実を連れてきてくれます。

まず自分を愛する

「好き」の波動は、彼に対してだけではなく、自分にも遠慮なく向けましょう。

キラキラ輝いている大好きなあの人。そんな大好きな、あの人の存在を知ったこと。大好きなあの人と出会えたこと。大好きなあの人と同じ時を生きていること。そんな素敵な運命を、丸ごと愛してあげてください。（クッサ！）

同性、異性関係なく、もっと親しくなりたいと思える素敵な人がいる方。

「引き寄せの法則」は、自分の中にあるものや、自分の中にあるものと似たものを引き寄せるのでした。

「自分には輝きがないけど、あの人さえいてくれたら、私も輝けるはず」と、自分の中にある「不足感」を自分以外の誰かに埋めてもらおうと思っても、「自分の中にないもの」を引き寄せることはないので、それは叶わないのです。

でも、心配いりません！　キラキラ輝いているあの人に出会えた。それだけで彼と同じキラキラは、間違いなくあなたの中にもあるのですよ！

そこで、さらに欲張ってみましょう。あの人と親しくなるには、どうしたらいいのか。**そんなの簡単、自分もその人に負けじとキラキラ輝いてみるんです!!**

「何かをうまくやらなきゃ」とか「何かを頑張らなきゃいけない」なんてことはありません。そのままのあなたで、十分にキラキラ輝いています。

背が低いあなたも、背が高いあなたも、華奢なあなたも、ぽっちゃりなあなたも、あなただけの魅力があります。あの人を恋の魔法にかけることだって、お茶の子さいさいなんですからね！

欲しいものと同じエネルギーになる！

「欲しい」と思う何かがある。それは人間関係だけではなく、欲しいものでも、旅行でも同じ。その「欲しい何か」と自分が同じエネルギーになってしまえば、やすやすとその「欲しい何か」を引き寄せることが可能なのです！

今がつまらないからアレが欲しい。今に不満があるから、今とは違う場所に行きたい。そうではなくて、今この場所で輝いてこそ、またさらに輝いている何かを手にすることができるんです！

彼に愛されてキラキラ輝く現実が欲しいなら、今、彼に愛されてキラキラ輝いて、ウキウキ弾んで、ウフフと微笑んでいる私に、なるのです。

ええっ⁉　それって妄想でなれるんじゃない⁉

はい、妄想は私の鉄板の引き寄せ方法ですが、妄想じゃなくても大丈夫。自分の好きなことを、思いっきりやる。それだけでいいんです。

料理、カフェめぐり、編み物にパッチワーク、ファッションにネイル……。

こんなふうに女性らしさが眩《まぶ》しいほどの趣味じゃなくても構いません。

もちろん、いろいろとやってみるのは素敵なことですが、「願いを叶えるため」や「誰かの目線を気にして」何かをやるのではなく、本当に自分が好きなことをやる。自分にとって本当に好きなものじゃないと、意味はないのです。

自分が好きなことをやる

本に漫画に妄想。そんな引きこもり3点セットでも、自分が好きならおおいに結構。本に漫画に妄想なんて、ドキドキやキューン！　の宝庫ではないですか！

――私はまだシャワーの水も弾くピチピチの二十歳前後の頃、ファッションにもまったく興味がなく、出歩くこともしないで、大好きな本や漫画を読み、妄想にふける毎日でした。

なんだか随分寂しく聞こえるピチピチの二十歳ですが、それがどんなに地味で寂しく見えようとも、好きなことに没頭していたおかげで、私の妄想力はさらに鍛えられ、その妄想力で自分の本を出せるまでに至ったのです！

いいえ、これも「本と漫画と妄想を好きにならなければいけない」なんて、おすすめしているわけではありません。自分が好きなことをやる。自分が好きな場所へ行く。自分が楽しいと思うことをやる。それで十分、自分の中のキラキラは最大限に輝くのです！

キラキラした輝きを、他の誰かや、何か他のもので埋めようなんて、ないものねだりをしないでくださいね。

引き寄せるのは、「自分の中にあるもの」です。

キラキラは、必ず自分の中に存在しています。

憧れのあの人と親しくなりたいなら、自分が思う存分輝いて、あの人が近付きたくなるような「波動」になってしまいましょう。

「現実」ではなく、「自分」を優先する

現実をつくっているのは「自分」です。それは、自分から出ている「波動」であったり、自分の中にある「深い思い込み」や「観念のようなもの」であったり、はたまた「自分が人に与えたもの」。それらが自分に返ってきます。

これもモラルとかそういう話ではなく、ただの「エネルギー」の話です。

同じエネルギー（呼び方は「波動」でも「パワー」でも何でも）同士が共鳴して、自分が出しているものや与えたものが、そっくりそのまま返ってくるんです。

自分が微笑みかけるから、世界が微笑んでくれる。

さあ、それでは世界に微笑んでみましょう！

「こんにちは～」なんて、ご近所の方に微笑みかけてみるのも、まぁ素敵！

コンビニの店員さんにニコッと「ありがとう」と微笑んでみるのも、あら素敵！

あなたの微笑みが、あなたの世界を変えるのです。

相手の反応を気にしすぎないこと

微笑みを返してくれるのは、今、目の前にいる人ではないかもしれません。たとえ微笑みかけた人がムスッとしていたとしても、今その人はお腹が痛くて限界ギリギリなのかもしれないし、奥歯に何かが挟まって気になって仕方ないのかもしれないし、実は、大切なペットを亡くした直後なのかもしれない。

お相手の反応が悪かったからといって、その人にどんな事情があるのか、こちらにはわかりません。だから、あれこれ考えるのは時間がもったいないですよ！

目の前の相手の反応を気にしすぎることはないのです。

誰かに微笑みかけて優しい波動を出しただけで、確実に自分の心は満たされています。だから「与えっぱなしで返ってこない！　損したー！」なんてことはないんです。

そのうえ！　そのうえですよ⁉「嬉しいなぁ」や「ホッとするな～」や「幸せだなぁ」と相手が思うような言葉や何かをプレゼントできる人は、絶対にまた自分の元に「嬉しいなぁ」「ホッとするな～」「幸せだなぁ」が返ってくるようにできているのです。

自分を満たした分だけ、世界は優しく変わる

お金をかけたプレゼントだっていいけれど、お金をかけなくてもプレゼントはできますね。誰かへの優しい言葉や、ちょっとした贈り物。誰かのために花を買ったり、自分のためにおいしい紅茶をいれたり、身体のマッサージをして自分エステをしたり、ゴロゴロ過ごして自分に休息をプレゼントしたり。

「自分が好きなことをする」「自分が食べたいものを食べる」「行きたい場所へ行く」という行動も、自分を満たす、愛たっぷりの行為です。

誰かや自分にプレゼントすると、ブーメランのようにちゃんとまた自分の元にプレゼントが舞い込んできます。それは臨時収入というお金の形かもしれないし、誰かからの贈り物かもしれないし、好きな人からのメールかもしれない。

だからどんどんプレゼントしたもん勝ち！

誰かにプレゼントしても、結局は自分が満たされる。
自分にプレゼントしても、やっぱり自分が満たされる。
人生は、自分を満たしたもの勝ち！
現実が変わるのを待つんじゃなくて、「自分が先」。
楽しいことがあるから笑うんじゃなくて、笑っているから楽しいことがある。
自分を満たした分だけ、世界は優しく変わるのです。
これが、絶対的な宇宙の法則。

「自分が先」なんです。（また言ってるよ！）

願いが叶うその時をただ「まだか、まだか」とイライラしながら待つよりも、「願いを叶えて幸せそうに笑っている私」に今、なる。

まだ目の前には見えないとしても、本当は、「幸せ」はいつでもそこにあり、「願いを叶えた自分」は、もう存在しています。

頭の中で生き生きと動いている「願いを叶えた私」が現実になるのも、もう少しです！

第3章

「引き寄せ」の悩みは、これで解決！

うまくいかない時の対処法

読者の皆様から
うまく引き寄せられないというご相談をいただきます。
かずみん『引き寄せ』劇場 お悩み解決編!!
よくあるのが『自分の望みがあいまい』というケース…
うん
うん
『人気のインスタグラマーになりたい』と、いうものの
100m フォロワー
いいね! 1000,000件
本当の望みが…『家で仕事したい』
らくー♡
『有名になりたい』だったり…
かずみんだっ
あ〜〜!!
現実を見つめすぎていたり…
あいたかったー♡
かずみーん♡
サインください♡
キャー♡
かずみーんっ♡
ブログの読者が増えない…
どーせ…私なんてムリムリ!!
ドリームキラーに負けてしまったり…
ホラッ さっさと勉強しいっ!
アハハ
ムリムリ!! あんたが歌手になるなんて!!
こども かずみん
ブッ…ユーホー…ブッ
グサッ
こども かずみん

『余計な思考』を大事に抱えていたり…
お金持ちになりたいけど
本当になったら…みんなに嫉妬されそうだし
ヒソッ
ヒソ
ヒソ
税金も高そうだし…
ま、このままでいっか
『妄想は難しい』と思っていたり…
イメージがうかばないよー
『現状維持システム』が作動してしまったり…
ステキな人と出逢いたくて
婚カツしまくってるから大丈夫!!
アハハ
今日もいい男いない…
そろそろつらいけど…きっと…大丈夫…?
『現実はしらん力』を身につけるんです!!
『ちょっとあほ』になるんです!!
妄想は誰にでもできます!!
未来は今の思考がつくるんです!!

願いは、叶えるためにある

私はこれまで、恋愛に関する願いや、「ブログをたくさんの人に読んでもらいたい」「本を出版したい」という願いが、次々と叶ってきました。

いいえ、自慢してるわけじゃないですよ⁉

これは心のどこかで「難しいかも」と思いながらも、妄想して「願いを叶えた私」になりきることで「夢を叶えた自分」を受け入れ、自分の中で（潜在意識レベルで）「叶っていいよ〜」と許可を出していたからです。

このように、**自分の心からの願いは、必ず現実になります。叶えられない人なんて、いないんです。**

「そんなことない！　何も叶わない」「何も引き寄せられない」、そう感じて、若干スネている方！

大丈夫。何も引き寄せていないのではなくて、自分の望みとは違うものを引き寄せているから、「引き寄せていない」と感じてしまっているだけ。「引き寄せの法則」は、すべての人に平等に作用している法則なのですから！

うまくいかないのは、必ずなんらかの「うまくいかない理由」が隠れているはずです。その理由を見つけてやっつけてしまえば、あとはカンタン！　スルスルと願いは叶っていくし、自分を取り巻く世界は優しくなるし、くだらないことでもケラケラ笑えるし（えっ⁉　これは私の脳が乳飲み子レベルで止まっているから⁉）、そんな楽しい毎日が待っていますよ！

この章では、「うまくいかない理由はこれかもしれない」というものを、一つずつ見ていきましょう！

引き寄せの悩み 1

「自分の望みがあいまい」問題

「幸せになりたい」

「お金持ちになりたい」

「キレイになりたい」


このような願いを持っている方はきっと多いことでしょう。うん！　そりゃそうだ！　私もまったく同じですもん！

でも、「どういう状況が幸せ」で、「なんでお金持ちになりたいのか」は、みんなそれぞれ違うのです。

自分がどういった時に幸せを感じるのか。

好きな本や漫画を読んで、ブログを書いて、それを読んで笑ってくれる人がいて、日の当たる部屋でお昼寝をして、娘がモグモグとおやつを食べている姿を見て、頻繁に旅行に行ったりもして、銀行口座に6億円あったら……なんて、にやにや妄想している時間が何より幸せ。――これは「私の幸せ」です。

旦那さんと二人でのんびりと生活することに幸せを感じる人、一人で自由気ままに過ごすことに幸せを感じる人、子どもも両親も祖父母もみんな一緒に暮らしているような、にぎやかな家庭に幸せを感じる人。

住む場所だって、海の近くが好きな人もいれば、周りにお店はないけれど自然豊かな場所が好きな人もいるし、大都会が好きな人だっている。

人によって何に幸せを感じるかはバラバラだし、好きなものも、何のためにお金が欲しいかも、みんな違うんです。

「自分が本当に望んでいるものは何か」を知ることが、まず大切ですよ！

私もずっと「本を出版したい」と言い続けて、その願いが叶ったわけですが、この「本の出版」という「結果」には、いろいろな願いが付随しています。

↓自分が書いたもので、誰かが笑ってくれたら嬉しい
↓自分の名前で本を出したい
↓自分の本が書店に並んでいるところを見たい
↓打ち合わせなんてものも経験してみたい
↓周りからスゴーイ、なんて言われてみたい
↓家で仕事をしてお金を得たい

「願い」というか「欲」のようなものも紛れていますが、欲、いいじゃないですか！　私なんて自慢じゃないけど欲まみれですからね！　ただ思うだけなら、何だって自由なんです。

欲を持つことで、そこに向かって前進することができます。「強欲かしら」と感じても、心がそれを望んでいるなら、気付かないふりをしないで、素直にその思いを受け入れてくださいね。「これは自分を満たすためだけの願いだから、持ってちゃいけない」なんて思考もいりません。全部、願いは願い。素直に受け

入れるところから始めましょう。

「幸せ」は人によって違う

ところで、私は本の出版は叶ったものの、イベントやセミナーなどは一切行なっていません。（ハイ、今のところは、ですが！）「自分が書いたもの」が注目されるのは本当に嬉しくありがたいことですが、私は「自分自身」が注目を浴びるのは苦手なタイプ。（町内会の集まりでの自己紹介ですら、ドキドキしますからね！）

出版という夢が叶っても、日常は以前と何も変わっていないし、変えたいという願望もありません。出版パーティーで花束をいただく幸せよりも、学校から帰って来た娘に毎日おやつを用意する幸せのほうが、私には合っているというだけのこと。華やかさとは無縁の場所にいますが、これが私の幸せです。

華やかな場所にいる方々のＳＮＳは素敵ですが、「これが幸せの形なんだ」と思い込んでしまって、私もそんな幸せを追いかけていたら、きっとストレスでいっぱいになっていたはず。

「他人の幸せ」＝「自分の幸せ」ではないんです。

人前に出ることが好きな人もいれば、裏で誰かを支える仕事に幸せを感じる人もいる。植物を育てることに幸せを感じる人もいれば、毎日本を読んで妄想することがこのうえなく至福の人もいる。（これは私ですね！）

「引き寄せの法則」は、自分がどういう人生を望み、どうなったら幸せを感じるのかを、まずはちゃんと知ることから始まりますよ！

本当に願うものは「手段」ではなく「ゴール」

有名な誰かに憧れて、「私も有名になりたい」「キャーキャー言われたい」という願いが本当の望みであれば、もちろんそれも叶います。

私のブログの読者さんに、「有名インスタグラマーになりたい」と願っている方がいました。ですが、なかなか思うようにフォロワー数は増えていかない。

聞いてみると、彼女は「絶対にインスタグラムでコレを発信したい！」という強い思いがあったわけではなく、本当の願いは「家で仕事をしたい」「有名になりたい」だったのです。

その本当の願いを叶える手段として、その時たまたま人気のインスタグラマーさんを目にしたために、「私もこんなふうになってみたい」と思った。

この場合、「有名インスタグラマーになりたい」という願いがダメなわけじゃなく、願い方がちょっと違ってしまっただけ。決めるべきなのは「本当の願い」（ゴール）であって、「手段」（インスタグラマー）ではないんです。

彼女の「家で仕事をしたい」「有名になりたい」というゴールにたどり着くための手段は、最初のひらめき通りにインスタグラマーなのかもしれない。はたまた才能に目覚め、ハンドメイド作家として注文が殺到する売れっ子さんになるかもしれない。カウンセラーになって、悩める人々の心を救うのかもしれない。

家で仕事をして、なおかつ有名になる方法なんて無限にあります。「有名インスタグラマー」にこだわりすぎると、「今日もフォロワーさんが増えなかった」

「今日も更新できなかった」と、「できない」に意識が向きがちです。

もちろん、何かを発信するのが好き！　楽しくてたまらない！　という場合は「有名インスタグラマーになりたい」「人気ブロガーになりたい」などといった願いを大切に持っていてくださいね。

特にコレ！　というものが今はまだない方は、「家で仕事をしたいな」「有名人になれるといいな」という願いを大事に持ちつつ、興味があることや好きなことをやり続けてみる。最初はうまくできなくてもいいんです。続けていたら絶対に上手になりますから！

上手にできるかへたっぴか、じゃなくて「自分の好きなこと」を大切にしてくださいね。

「こんなことで本当に何かが変わるの？」と思われるかもしれませんが、変わるんです。（きっぱり）いきなり１００をやろうとしなくてもいい。５や10でいいから、やってみる。その積み重ねが、必ず最終的なゴール（本当の望み）にたどり着く道になってくれると、信じていてください。

引き寄せの悩み❷
「自分が何が好きか、わからない」問題

自分が何をしたいのかわからない、どうしたらいいのかわからない。

そんな時も、「今の自分が望むことは何か」と考えることです。

「答えが欲しい」と思うなら、「答えが見つかるといいな」という願いが浮かびますね！　「答えを見つけた私は、どんな思いを抱いて、どんな顔で過ごしているかな？」と考えて、それが「ウキウキ」だったら「ウキウキ」を見つけに行くんです。

好きなものを買ったり、好きな場所に行ったり、大切な人と出かける予定を立ててみたり。好きなものが雑貨なら雑貨を買いに行き、好きなものが写真集なら写真集を買いに行く。好きな場所がお寺ならお寺に行き、好きな場所が自宅のべランダなら、自宅のベランダで過ごす時間を長くする。

そんなシンプルなことで、心は満たされていきます。

「安心感」だったら「安心感」を見つけに行くんです。いつでも誰かと連絡が取り合える携帯の存在にホッと安心してみたり、ゆっくりコーヒーを飲んで、ホッとする時間をつくってみたり。

「その願いが叶うことによって、自分が感じたい感情はどんな感情か」を考える癖をつけてみてくださいね。

そして、その感情を先取りしていく！

「うまくいっていない今」に意識を向けて、落ち込んで不安になって文句を言う。こんな行動をすればするほど、「うまくいっていない今」にパワーを注いでしまっているんです。「うまくいっていない今」に「ガンバレ〜」と応援旗を振り、「私はそれがいいの！　それが欲しいの！」と言っているのと同じなんですよ！

まあ恐ろしい！

せっかくなら、「望んでいること」にパワーを注ぎましょうね。

「感情」を先取りする

願いが叶った世界にいる私は、今何を感じてる？

どんなことを考えてる？

どんな顔で毎日を過ごしてる？

「どんな人と付き合いたいの？」

（こんな人と出会えたら嬉しいな）

「彼とどんなことがしたいの？」

（好きな人とあの場所へ行きたいね）

「どんなふうに付き合いたいの？」

（側にいるだけでホッとできるような、そんな二人になれるといいな）

「どんな言葉を言われたら嬉しい？」

「どれぐらい会いたい？」

「どれぐらいメールして欲しい？」

「自由に使えるお金がたくさんあるとしたら、どこに行きたい？　何を食べたい？」


そんなふうに自分に問いかけて、自分の願いを聞き出してください。

こうするだけで、意識は「叶っていない今」じゃなくて、「こうなったらいいな」と望む世界を見るようになります。その願いを紙に書いたり、イメージがピッタリの写真を見るなどして、「こうなったらいいな」と思うものを、どんどん頭の中にぽんぽーん！　とインストールしていってください。**そうして「私はこれがいいよ！　カモン！」と潜在意識に教えてあげるのです！**

この作業を、何度も繰り返す。地味で地道な作業ですが、これこそが自分の世界を変えてくれるのです！　「何となく」流されるような時間の使い方をしないで、嬉しくなるようなことを考え、楽しい気分になることをする！

いつも自分の心を「好き」や「楽しい」で満たすように意識して、自分をご機嫌にしてあげてくださいね。

人は誰でも自分の望みを持ち、たとえその望みがどんなものであっても、その実現を心から信じれば本当に実現する。（『マーフィーの成功法則　マーフィー博士の最後のことば』産能大出版部）

自分が「どうなったら嬉しくて幸せか」をまずは知ることで、それは必ず現実のものになります。

引き寄せの悩み 3

〝もやもや〟の陰に隠れているものは？

私の元には、「教えてください」「アドバイスお願いします」といった読者様からのコメントやメッセージが、毎日のように届きます。ただ、これは一見、質問のように見えますが、本当の質問は実はごく一部。質問のように見えるメッセージの裏には、

聞いて欲しい
わかって欲しい
愚痴りたい
気持ちを吐き出したい

すねたい

このような気持ちが隠れていたりします。

それから、実は自分の中で答えが出ているのに、「○○ですよね？」「○○ですか？」というメッセージで、表面上は質問の形になっているけど、本当は「後押しして欲しい」とか「私がやろうとしていることが合っているか確認したい」という思いだったり。

「聞いて欲しい」「わかって欲しい」「愚痴りたい」「気持ちを吐き出したい」「すねたい」という思い、いいじゃないですか！　誰だってそんな気分の時はありますって！　「愚痴りたい！」なら「よし！　私は愚痴りたいのだ！」としっかり認めてから愚痴る！　心の中に溜まっているものを出す!!

大丈夫ですよ。心の中に溜め込んで表面上はニコニコ優等生ぶっているほうが、よっぽど毒ですからね！

ただ、愚痴ってもお相手の反応がイマイチだったりすると、余計にもやもやが溜まったりするので、お相手や場所を選ぶことは大切です。そんな時、「聞いて欲しい」だったり「愚痴りたい」だったり「すねたい」の裏に、「誰かに甘えたい」という願望が隠れていることもあります。

その「誰かに甘えたい」（でも甘えられない）という「もやもや〜」とした思いが、誰かへの「批判」や「文句」や「愚痴」といった形に変貌したりもします。

裏に「甘えたい」（でも甘えられない）という満たされない思いがある時に、「批判」や「文句」「愚痴」という形で発散すると、一時的に気分は晴れます。でも、**これで気分が晴れるのは、あくまで一時的なもの**。「一時的な満足感」「一時的な願望」「その場限りの願望」とでも言いますか！

痩せてキレイになりたいのに、誘惑に負けて甘いものをガツンと食べてしまう。これも「一時的」に幸せな気分にはなりますが、本当の願いである「痩せてキレイになりたい」を放ったらかしにしています。

ま、甘いものを食べちゃうことはありますけどね！　甘いものの誘惑に負ける女性は可愛らしいですが。（私含め ↑ あれー⁉）たまに、ではなくて何度も繰り返してしまうなら、「一時的な願望」の誘惑に負けっぱなしにならないよう、要注意ですよ！

甘えたい時には、甘える！

ハイ、話を戻しますが、本当は「甘えたい」のに批判や愚痴といった形で気を晴らしても、本当の「甘えたい」という思いは満たされていないので、またしつこく「もやもや～」は現れます。

「甘えたい！」なら甘えましょう！　甘えさせてくれる彼や旦那さん、家族、友人がいるなら、思いっきり甘える！

「○○してよ！」「なんで○○もしてくれないの！」と「文句」になりがちなところを、「○○して欲しいな」「○○したいな」と「お願い」に変えてみたり。

一人で全部やろうとしたり、頑張りすぎないで、周りを頼ったり甘えたりする。

一人の時は、自分をヨシヨシして、「もっと甘えたかったんだよね」とその感情を認めてあげたり、自分のことをチヤホヤして、お姫様のように扱ったり。

そうやって自分自身を満たしていくことで、「文句」や「愚痴」は減っていきます。

「愚痴りたい」「文句を言いたい」「誰かを批判したい」という思いがずっと自分の中にあると、

愚痴りたくなるような出来事
文句を言いたくなるような出来事
批判したくなるような誰か（自分を批判してくる人）

がますます現れるのです。恐ろしいですね！

イライラする時や愚痴を言いたい時、外に出してスッキリすることは大事ですが、ただ「もやもや〜」を晴らしてスカッ！　としたいのか、その奥に何か満たされない思いがあり、本当はそれを「満たしたい」のか。

愚痴や文句を言いたいわけではないのに、無意識に口にしてしまったり、愚痴や文句を言うことが「当たり前の状態」にならないようにしましょうね！

自分の本当の「願望」や「欲」を知り、認めて、できる範囲で満たしていくと、少しずつ「もやもや～」は晴れていきますよ。

「こうなったらいいな」という願いだけではなく、自分の中にある隠れた欲求を満たしていくことも必要なのです。

こんなふうに、自分の本当の気持ち（願い）を知ることって、本当に大切なんですよ！

引き寄せの悩み 4

「現実を見ている時間が長い」問題

自分の本当の願いに気付いたら、次は「その状態になる」ことが、願いを現実化する秘訣でしたね。

私の場合はまず、「一日に何万アクセスとある人気ブロガーさんになりたいな〜」と思ったわけです。↑まさに願いが生まれる瞬間です！　ここが、すべての始まりですね。

ところが現実は、2桁、3桁のアクセス数。

ああん？　**現実？　知らん！**

第1章でもお話ししたように、私の頭の中にはもうすでに、人気ブロガーになっている私がいました。多くの方にブログを読んでもらい、コメントやメッセージもたくさん届き、「あ～嬉しいな～」と、にやにや楽しみながらブログを書いている私。

これぞ**「ちょっとあほになる」**。ブログと関係のない、家事や子どもの世話など、日常を過ごしている間も、「人気ブロガーになっている時間」を多くつくります。「人気ブロガーの私」でご飯をつくり、子供の宿題を見る。「うふふ、たくさんのコメント嬉しいな～」と、現実は違う（↑ココ、強調ですよ！）のに、頭の中で妄想をする。

ただこれだけのことなんですが、こうした時間は「多くつくろう」と意識しないとなかなかできないので、意識的につくっていく必要がありますよ！

「頑張る」ことや「努力する」ことは、あまり必要としないのが私なりの「引き寄せの法則」ですが、**「ちょっとあほになる」ことだけは、全力で頑張ってくださいね!!**

心にブレーキをかけない

私の「妄想の世界」が現実に追いついてくれたのは、妄想（頭で思っていることや、頭の中でつくったもの）と、「妄想が現実になってもいいよ」という心からの思いが一致していたからです。第２章でも書いたように「妄想の中の私」と「妄想している自分」が感じている「嬉しい」「幸せ」という感情が、完全に同化していたから。

頭の中でいくら「こうなったらいいな」と願っても、心がブレーキをかけていたら、願いは現実化しません。嬉しい場面を妄想していても「ワクワク」や「ウキウキ」の感情が湧かずに、「こんなの叶うわけないじゃん」と思っていたら、現実化するのは「こんなの叶うわけないじゃん」の思いのほうなのです。

引き寄せの悩み5
さあ出た、「現状維持システム」

頭の中で「こうなったらいいな」と願っても、心がブレーキをかけてしまう。その理由の一つとして、「現状維持でいいや」とどこかで思っている場合があります。潜在意識はまず、「現状維持」を最優先します。これが「現状維持システム」。自分にとって居心地が良く、慣れ親しんだ状態を維持しようとするんです。たとえ今が望んでいない状態であっても、です。潜在意識は、あなたを現状（安全な場所）に置いて守ろうと頑張っているんです。

そのために、**あなた自身が、現実が変わらないことに「安心感」や「居心地の良さ」を感じていて、心のどこかで願いが叶わないことを望んでいる場合もあるのです。**

自分の願いが叶わないこと
痩せたいのに、太っていること
美肌になりたいのに、肌荒れしていること
お金が欲しいのに、いつもお金がない状態
友達が欲しいのに、一人ぼっち
彼から連絡がない毎日
好きな人とうまくいかないこと

これらが自分にとっての「普通」や「当たり前」になっていると、またそのような現実がやってきます。そして、うまくいかない毎日や、願いが叶わない状態に慣れていってしまうんです。

そんなこと望んでいないし、いらないし、慣れなくていいのに！

人は放っておくと「現状維持」に流れていくので、新しい習慣や行動を取り入れても、何か気持ちが落ち着かなかったり、居心地の悪さを感じたりもします。

でも、そこを「よいしょー！」と乗り越えて、新しい思考や習慣、行動に塗り変えていくことも必要なんです。

たとえば、「素敵な彼と出会って結婚したい」という願いがあるとします。そこで、出会いを求めていろいろな場所に顔を出して頑張ってみる。

はい、行動してみるのはとっても素敵なことですよ！

ですが、「どんな行動をするか」ではなくて、大事なのはあくまで「波動」。極端に言ってしまえば、「あーあ、どうせダメだろうな……」とため息をつきながらイケメン勢揃いのパーティーに出かけるよりも、家でワクワクにやにやしながら過ごしているほうが、よっぽど引き寄せ効果はあるのです。（配達に来てくれた男性が運命の人かもしれないし！）

ではここで、「素敵な彼と出会いたい」と願っている二人に、引き寄せマラソンを走ってもらいましょう！

はい、ユメ・ミナイ子さんとユメミル・ユメ子さんです！　二人とも、現実には気になる男性もおらず、仕事に励む毎日だそうですよ！

第一走者のユメ・ミナイ子さんの心の中は、「誰かと出会うために行動しなきゃ。でも、なかなか出会いがない」という思いでいっぱいです。

それでは、よーいスタート！

「行動しなきゃ出会いがない」

「何もしなかったら、もっと出会いがない」

そんな思いから、出会いがありそうな場所に積極的に出かけているようです。

ですが、あまり楽しくなさそう……。

「何をしても出会いがない」

おや……？　ユメ・ミナイ子さんの願いは「素敵な人との出会い」だったはずですが、願いには意識が向いていないようです。**今の望んでいない現実ばかりを見ているので、頭に強烈にインプットされているのは「今の望んでいない現実」のようですよ！**

だけど頑張ってるから、努力しているから、きっと報われるはず！ と走り続けていますが、意識は「今までのうまくいかなかった経験」「なかなか変わらない現実」に向いたまま。

そんなユメ・ミナイ子さんから出ているのは、「つまらない」「やっぱり無理かも」という波動です。

さあ、苦しい道のりが終わり、ユメ・ミナイ子さんゴール！

……あれ？

ゴールしたつもりが、ゴール地点も「誰かと出会うために行動しなきゃいけない毎日」「なかなか出会いがない毎日」。現実は何も変わっていないようです。

「素敵な人とお付き合いする」という願いを叶えようと、いろいろな行動をしてみても、意識が「幸せになっている私」ではなくて「今の望んでいない現実」に向いていると、一生懸命努力しても現実は何も変わっていかない。スタートの時点から意識が「今の望まない現実」に向いていたら、ゴールも「今の望まない現実」になるんです。

そんなマラソンコースは、ただ同じトラックをぐるぐる何周も回っているのと同じ。いつまでもゴールできないままなんです。

「現実は知らん力」を身につける

それでは第二走者、ユメミル・ユメ子さんに走っていただきましょう！

ユメミル・ユメ子さんは「現実は知らん力」が高いようです！　これは期待できますよ！

「こんな人とお付き合いできたらいいな」

「彼ができたら、あんなところにも、こんなところにも行って」

「そしていつか結婚なんてしちゃったりして！　ウフフー！」

おっと！　ユメミル・ユメ子さんの頭の中はそんな思いでいっぱいのようで

す！　今の現実はユメ・ミナイ子さんと同じだったはずですが、ユメミル・ユメ子さんの意識は「望む未来」に向いているようですね！

そしてユメミル・ユメ子さんは、願いを叶えた自分や、「こうありたい」と思う自分の姿に意識を向けながら、「やりたい！」と思ったことをやっているようです。

お散歩に行く、お気に入りのカフェに行ってコーヒーを飲む、漫画を買ってきて読みふける、ちょっと贅沢なホテルに泊まって朝食ビュッフェを楽しんでみる……。一見、出会いとは関係なさそうな行動ですが、ユメミル・ユメ子さんからは非常に楽しんでいる波動が出ていますね！「幸せパワー」がチャリンチャリンと貯まっていますよ！

はい、ユメミル・ユメ子さんもゴール！　おや！　ユメミル・ユメ子さんは素敵な人との出会いがあったようです。ユメミル・ユメ子さんの意識は「好き」と「楽しい」に向いていたために、ゴール地点には「好き」と「楽しい」がいっぱいの現実が待っていたのですね！

ゴール地点をちゃんと設定する

「何も変わらない毎日」に意識を向けてスタートしたら、ゴール地点は「何も変わらない毎日」に戻ってくる。

「ニキビがある顔」に意識を向けながらお手入れしたら、一時的に肌荒れが改善しても、またゴール地点「ニキビがある顔」に戻ってくる。

「太っている私」に意識を向けながらダイエットしたら、一時的に痩せたとしても、ゴール地点「太っている私」に戻ってくる。

「お金がない私」に意識が向いていたら、一時的にお金が入ってくることはあっても、またゴール地点「お金がない私」に戻ってくる。

一時的に良くなることはあっても、また「意識を向けているところ」に戻ろうとしてしまうんです。

けれど、ユメ・ミナイ子さんもきっと大丈夫。もう一度、自分の「本当の願い」を思い出して、自分の望みをちゃんと設定して進み出せば、きっとゴールにたどり着けます。

人は、見ている方向に進んでいきます。散歩の時によそ見をしながら歩いていると、体はす〜っとそちらの方向に向かってしまいます。自転車も、障害物があった時に「危ない！　ぶつかるぶつかる！」と障害物を見つめながら走ると、見事にぶつかります。（え？　これは私の運動能力がゼロだから!?）

日々の生活の中でも、意識を向けたほうに未来は進んでいきます。

歩く時も、トイレに行く時も、「願いを叶えた自分」を思い浮かべ、「願いを叶えた自分」に意識を向けながら行動してみてください。

見たいほうを見つめていれば、ちゃーんと行きたいほうへ進んで行きますよ！

（運動能力がゼロの私でも、心が望むほうを見つめていれば、ちゃんとそちらの方向に進んで行きますからね！）

現実のうまくいっていない部分を、見る必要はないんです。

引き寄せの悩み6

「ドリームキラーに負ける」問題

よし、やるぞー！　と意気揚々と進み始めようとしたところで、突如、「そんなのできるわけないじゃん」「そんなこと本当に叶うと思ってるの？」なんて、自分の夢や願いを、誰かに否定される出来事が起きたりもします。

身近な人に笑われたり、占い師さんに「やめたほうがいい」と言われたり、引き寄せそのものを否定されることも、あるかもしれません。

そう、**ドリームキラー問題**。

私も自分の本を出版するという夢について、「企画のたまご屋さん」に企画書を送り、出版社さんからオファーが来てはじめて身内に話しましたが、その段階でもまだ、

「もし、出版できたらね」

「出版できなくても、そこまでいっただけでもすごいよね」

と、あくまで「出版できない前提」の反応が返ってきました。

私の身内に「素人が本を出すなんて難しいよね」という確固たる思いがあれば、「本を出せる」という私の思いは徹底的に否定されてしまいます。親や家族など身近な存在だと、悪意からではなく、「失敗して傷つかないで欲しい」という思いから否定してくる場合もあるので、これは厄介です。

また、「自分が安心できる領域にいて欲しい」という思いから、身近にドリームキラーが現れることも多々あります。

周囲の意見に惑わされないこと

「善意」からであっても、妬みのような「悪意」からであっても、どちらも「ドリームキラー」であることに違いはありません。周りの人は「これからのあなた」じゃなくて、「過去」や「今」のあなたを見て言っているだけのことです。

だから、**必要以上に周りの声に耳を傾けることなどありません！**

「これから先のこと」なんて誰にもわかりません。あなたの頭の中に生まれた「こうなりたい私」が一番正しいのです！

自分一人だけが自分の力を信じていれば、それで十分。

他人の気持ちも言葉も変えようとしなくていいけれど、自分の心が受け入れないなら、そんな考えは取り入れなくていいし、採用しなくていいんです。

ドリームキラーの出現は、自分が「本当の願い」を見つめ直す確認テストのようなもの。**「何かを欲しい」「こうなりたい」と思うのに、「なぜ」も「どうして」もいらないんです。「どうしたらできるの」もいりません。**

自分が欲しい言葉を、自分で自分に言ってあげてくださいね。

「大丈夫、きっと叶うよ」と。

引き寄せの悩み 7

「最大のドリームキラーは自分!?」問題

周りがいくら「大丈夫だよ！」「絶対叶うよ！」と応援してくれても、自分自身が「いや、無理だよ」と心の深いところで思っていたら、現実になるのは「いや、無理だよ」の思いのほうです。「自分自身」が最大のドリームキラーになってしまうこともあるんですね。まあ！ 怖い！

一生懸命、いいイメージを持とうと妄想したり、アファメーションなどをやればやるほど、現実が悪化したように感じたり、どうしようもない不安感や心配といったネガティブ感情があふれてきたり、人によっては体の不調が現れたり。

これは好転反応でもあります。

潜在意識をコップだとして、コップには黒いお水がいっぱいに入っているとします。この黒いお水は、今までの余計な思い込みや、思考グセみたいなものです。

そして、自分が望む「新しい思考」を、透明でキレイなお水だとします。

黒いお水（今までの思考グセ）がたっぷり入っているコップに、透明なお水（新しい思考）を注ぐと、黒いお水はあふれてこぼれるこぼれる。

潜在意識は現状維持を優先するので、「今のまま」でいたいのです。現状維持で安全な場所にいて、あなたを守りたいから、潜在意識は全力で抵抗します。

この黒いお水があふれてこぼれてくる時に現れるのが、好転反応です。

好転反応が現れる時というのは、「現状維持のままでいたい自分」と、「変わろうとしている自分」が戦っている真っ最中なのです。

私の場合は、「今も十分幸せなのに、まだ望むの？　それ以上望んだら何かを失うかも知れないよ」という不安や得体の知れない恐怖感、とんでもないイライラが現れることがありました。こういうのが出てくると、そりゃもうしんどい。

せっかく始めた新しい試みを「こんなにしんどいなら、もうやめてやらぁ！」と投げ出したくなります。でもこれは、今まさにコップに新しいお水を注いで、潜在意識を書き換えようとしている最中なんです。

しんどい時は、それまで10回やっていたこと（妄想やアファメーションなど）を5回に減らしてもいいし、1回に減らしてもいいけど、とりあえず続けてみる。しんどくなったら、休んでも大丈夫。

それでも一度放った願いを取り下げたり、せっかく変わろうとしている自分を否定するのだけはやめてくださいね。途中で諦めずに透明なお水を注ぎ続けてください。コップが透明なお水で満たされてきた時、現実もかなり変わってきます。

ですが「黒いお水」である「潜在意識に住み着いていた、今までの思考グセ」も忌み嫌うことなく、「今まで私を守ろうと頑張ってくれてありがとう」と爽やかにお別れしてくださいね！

好転反応は、すべての人に現れるわけではないので、そんなに怖がる必要はありません！　でも、あまりにも「願っていることとは逆のこと」が現実に起きるという場合は、この好転反応のことを思い出してみてください。「今は黒いお水があふれているだけなんだ」と思えば、希望の光が見えてきますからね！

引き寄せの悩み 8

「余計な思考を大事にしすぎ」問題

「最大のドリームキラーは自分」に関連しますが、「余計な思考を大事に持ちすぎている」という方もいます。

本気で願う前から、「叶わない理由」をわざわざ探し出しては、願いが叶うことを諦めてしまうのです。なんと嘆かわしい！

では、ハマりがちなパターンを一つずつ見ていきますよ！

「彼氏ができたら、友達に嫉妬されるかも」
「お金持ちになったら、悪いやつに狙われるかも」
「私がきれいになったら、妬まれるかも」

なんていう、**願いが叶うことへの恐れ**がある場合。

私にも、ありました。「人気ブロガーさんの仲間入りや、本を出す夢を叶えたいけど、叶ったら講演会などで皆様の前に立たなければならない？　ばーんと顔出しもしなくてはいけない？」という思い。

↓そんなの私には無理!!　↑**はいコレ、いらん思考ー！**

引き寄せのジャンルで有名な方だって、セミナーやイベントをやっていない方はたくさんいるし、別に無理してやらなくてよい。↓はい解決ー！

お金持ちになったら、周囲の人から妬まれる？　↑**はい、いらん思考ー！**

妬む人なんて、放っときましょう！↓はい解決ー！

自分が得意なジャンルで有名になりたいけど、批判を受けそう……。　↑**はい、いらん思考ー！**

どんなに可愛い子でも、「可愛くない」と言う人は必ず現れるし、どんなに名曲でも、「あんまり好きじゃない」と言う人はいます。この世の中にはただ「いろんな考えの人がいる」というだけ。気にすることはありません！↓はい解決ー！

彼氏が欲しいけど、体を見られるなんて恥ずかしい……。↑**はい、いらん思考ー！**

これを機に、ダイエットにチャレンジするのも良し！　でもきっとあなたの体なら、彼は大切にしてくれますよ♡↓はい解決ー！

結婚したいけど、自由な時間がなくなる？　家事をちゃんとできるか不安、お姑さんとうまくやっていけるか……。↑**はい、いらん思考ー！**↓何とかなります（きっぱり）。

子どもが欲しいけど、経済的な面やいろいろな面でやっていけるか不安……。

↑**はい、いらん思考ー！**↓何とかなります。（きっぱり）

夢を追いたかったり、結婚して出産したい。だけど仕事を辞めたら職場に迷惑がかかるかしら……。↑**はい、いらん思考ー！**↓何とかなります。（きっぱり）

まずは、自分の幸せを優先してください。

きっと一番いいタイミングで、スルスルと願いが叶う時がきます。

願いが叶うことによって、世界が変わることは多かれ少なかれあるものです。だけど願いが叶った時の喜びに比べたら、どれもたいしたことはありません。

願いを叶えて幸せな人のほうが、ずっとずっと多いのです。

怖がらないで、願いが叶うことを受け入れてくださいね。

続いて行きます。

「かずみんさんは○○だと言っているけど、違う方は□□だと言っています。どちらが正しいのですか」

なんてふうに、「正しさ」を追い求めてしまう場合。

「幸せ」という形に正解がないように、引き寄せにも正解はありません。自分にとって心地が良いもの、気持ちをホッとさせてくれる方法を選んでください。

「どちらが」ではなくて、「どれも」正解なんです。

私が言っていることだって、すべてやる必要はないんですよ！　どれか一つでも「いいな」と思ってくれたなら、それを採用してくださいね。

続いて、

「私は親のことを許せないから、願いが叶わないんでしょうか」

「過去のカルマがなんちゃらかんちゃら」

「私は恋愛の引き寄せは苦手だから叶わない」

なんていう、「○○○だから叶わない」などと決めつけちゃっているパターン。

どんなんだって、願いは叶います。自分の中の設定を上着きしちゃいましょう！

「○○○だから叶わない」と、「叶わない」ことに意識が向いてしまう時は、「叶わない、叶わないばかり言っているけど、他に叶っていることはないの?」という、宇宙からのお知らせかもしれませんよ。他に叶っていることはないか、ちょっと見直してみてください。

「ちょっとぐらい良いことがあったって、この願いが叶わなかったら意味がない」

「他の願いは叶っているけど、一番の願いは叶わない」

もしもそう思ってしまっているなら、その思いこそが願望実現を遠ざけています。銀行口座にまだ100万円の臨時収入はないとしても、欲しかったものを安い価格で買えたり、誰かから頂き物があったなら、それも立派な引き寄せです。

大好きな彼からの連絡はまだないとしても、コンビニの店員さんが優しかったら、それも立派な引き寄せです。**今、自分に降り注いでいる幸せに気付いて受け入れるほど、一番の願いもすんなりと叶います**。

「ちょっぴり嬉しいことがあったから、一番の願いはまだ叶っていないけど、その願いもきっと叶う」

そんなふうに意識を変えてくださいね。

はい、次！

「願いに執着しちゃいけない」
「ネガティブ感情を持ってちゃいけない」
「楽しい妄想をしなきゃいけない」

という、「～でなくちゃいけない」という勝手な思い込みが強い場合。

「こうじゃなきゃいけない」や、「これはだめ」という設定はいりません。執着していようが、ネガティブ感情を持っていようが、極端なことを言えば、妄想をしなくたって、願いは叶います。

まず「執着」ですが、**願いは覚えていても、忘れていても叶います**。

ガッツリ執着していても、執着を手放しても叶うんです。なぜなら、願いを覚えていても忘れていても、「その願いが叶うことを否定しないから」。

願いは叶うと「信じよう」とか、叶うことを疑わないように「しよう」とか、そんなレベルじゃなくて、もう**心の底から叶うことを信じているというか、信じてることが当たり前というか、疑うことを知らないというか**。「願いを手放すと叶う」とよく言われているのは、頭が忘れちゃっているから、願いが叶うことを否定しなくなるんです。

逆に願いを覚えていたら、「叶わないかも」「やっぱダメかも」という思いが邪魔してしまうんですね。

だからこそ、小さな願いを大切にして欲しいのです。

彼氏！　だとかお金！　だとか、大きくてわかりやすい願いだけを覚えていると、「なかなか叶わないじゃん！」となってしまう。これだと「叶わない」が潜在意識にインプットされてしまいます。

大きな願いは大事に持ちつつ、小さな願いや、日々の「これ引き寄せたかもしれない」というささやかな出来事を、しっかり意識していく。

１００円安く買えた！

ちょっとしたプレゼントをもらった！

というような、目に見える「これ引き寄せたかもしんない」的な嬉しい出来事から、

ゾロ目を見た！

彼の誕生日の数字を見かけた！

彼が好きなアーティストの曲がコンビニで流れてた！

というような、引き寄せだか何だかしらないけど、ちょっぴり嬉しい「これ引き寄せたかもしんない」的な出来事も、ぜーんぶインプットしていく。

そうすると、潜在意識が「え、そうなの？」と「叶うほう」に寄って行ってくれます。**こんな地味で地道な頭の中の作業が、「大きな引き寄せ」を叶えてくれるのです**。

「ネガティブ思考」を心配しすぎない

「ネガティブ思考」を持っているからダメなんじゃないか、と心配する方もいま

すが、ネガティブ思考もあって当たり前。

だけど、「望まない現実」がふっと頭に浮かび、何度も現れてしまって、「私は幸せになれない運命なんじゃないか」「イヤなことが起こりそう」なんて思ってしまう時もあるでしょう。

そんな時は、断固として「NOOOOOOOOOO！」と、その嫌な予感を退けてしまいましょう。

そんな嫌な予感は、きっと空耳ですよ！　大丈夫！

「良い予感」は「現実になるのね！　ありがとう」と、すっと受け入れ、「悪い予感」は「いらん！」と意思表示して、「自分が望むこと」を上書きしていく。

心配事や嫌な予感が浮かんだら「それ、いらん」と拒否してしまえばいいのです。

何度か嫌な予感が頭に浮かんでしまっても、それがすぐに現実化するわけではありません。頭に浮かんだことがすぐに現実になるなら、私は30分ごとに大好きな沖縄に飛んで行ってトロピカルジュースを飲んでしまいますよ！

でも！　少しはゆっくりしたいじゃないですか！

「願いが現実になるまでの時間差」は宇宙が意地悪しているからではなく、きっと優しさなんですよ！　私は宇宙とお話ししたことはないので、本当のところはわかりませんけどね！

現実化するのは、より長い時間、自分が感じている感情や、意識を向けているものです。そしてそれは、自分にとって一番いいタイミングで叶います。

自分の未来をつくることができるのは、自分だけ。本当の願いを知り、それを現実のものにするか考える時間を、宇宙はプレゼントしてくれています。

「願ったら、叶う」

思い込みは、それだけでいいんです。願いを叶えたら、世界はちょっぴり変わるかもしれないけど、幸せもわんさかやってきます。

叶わない理由探しより、もうすでに叶っているものをたくさん見つけましょう。見つければ見つけるほど、この先もまたたくさんの願いが叶っていきますよ！

未来をつくるのは自分、未来の舵取りをするのは自分だと、しっかり覚悟を決めてくださいね。

引き寄せの悩み 9

「幸せを自分が拒否している」問題

「幸せになりたい！」と思いつつも、自己肯定感が低く、「私にはできない」「私が幸せになっちゃダメだ」という思いがどこかにあり、自分が幸せになることを知らず知らずのうちに拒否している場合もあります。俗にいう「受け取り拒否」ってなやつです。

幼い頃に人から言われたことや、されたこと。過去に失敗した記憶、今までに一度も成功したことがないといった理由から、「私はダメなやつ」「私は何をやってもできないやつ」と思ってしまう。

これは、**潜在意識に入ってしまった余計な思い込みです**。

こんな間違えた思い込みは、ちゃんと正しいものに変えてあげてください！

「私は大丈夫」
「私は願いを叶える力がある」
「幸せになっていいよ」
「幸せになるんだよ」

そんな言葉をたくさん自分に言ってあげて、その思いを一日に何度も潜在意識に届けていくんです。

自分が幸せになることに、ブレーキなんてかけないでくださいね！　ノンストップで、幸せな未来に突き進んで行きましょう！

地道な作業で潜在意識を塗り替える

私は幼い頃から文章を書くことが好きだったので、母や先生に、作文や読書感想文をよく褒めてもらっていました。

そういった幼い頃の記憶や体験があったから、「ブログを書く」「本を出す」という行為や夢に対して、割と抵抗なく受け入れることができたのです。

逆に、第4章で詳しくお話ししますが、幼い頃に概念が植え付けられた「お金」の引き寄せには苦戦しました。

「お金が欲しい」と願っているにもかかわらず、「私はお金を欲しがっちゃいけない」という、深く刷り込まれた思い。こういったものがあると、願いにブレーキがかかってしまうわけですね。

そこで私は引き寄せの苦手ジャンル「お金」に対して、お金がたくさんある！幸せ！　という安心感に包まれている妄想とともに、

「お金は、私も周りの人も幸せにしてくれる存在」
「お金をたくさん手に入れていいんだよ」
「楽しみながらお金を使っていいよ」

なんて、こんな新しい思いを何度も頭で繰り返し、文字に書いたりもして、潜在意識に届けていきました。

うん！　とっても地味な作業ですが、こういったことをコツコツやる！

一日に何回とかそんなレベルじゃなく、一日に何十回とやる。それを一日、二日ではなく、何ヶ月も続けていく。

「え〜めんどい」と思ったでしょう、そうでしょう！　だけどこの先に、願いを叶えた未来が必ずやってくるのです。今の現実になんらかの不満があるのなら、毎日の思考癖、行動癖から変えていきましょう！

「努力しなきゃ」「頑張らなきゃ」じゃなくて、楽しみながらですよ！

願望実現にブレーキをかけている歯止めがなくなれば、願いはすべて叶うのですから！

ああ、引き寄せって本当に楽しいなあ！

引き寄せの悩み⑩
「妄想やイメージングは難しい」問題

この本でも「妄想のコツ」だと言いながら、五感で感じるだとか、映像は自分目線だとか、いろいろと書いてきましたね。ただ、第2章でもお話ししたように、映像はぼんやりでも大丈夫。意識して欲しいのは、妄想を「他人事」としてぼんやり見つめる感覚ではなく、**「自分が主役」になること!!**

あなたの人生はあなたが主役。あなたの妄想もあなたが主役。どんなに可愛いあの子も、セクシーなあの人も、あなたの妄想の中ではただの脇役です。

第1章で、お話ししましたね？　今の望んでいない現実は、「ふーん」と流してしまえばいいいと。

だけど幸せな妄想をしている時は、他人事のように「ふーん」とぼんやり見ないでくださいね！

いいえ、**妄想の映像はぼんやりでもいいんですが、意識はガッツリ妄想に入り込む！** そして「キューン！」と感じたり、「ドキーン！」としたり、ウキウキしたり、ワクワクしたり、心からホッとする。そのような「体の反応」を、妄想することで体感して欲しいのです。

難しく感じてしまいますか？ 大丈夫、ちゃんとできているんです。まったく妄想ができない、という人はいません。（きっぱり）

「回転寿司」

おっと！ 忘れた頃に妄想抜き打ちテストがやってきましたよ！

お寿司がカウンターの上をぐるりと回っている光景がぼんやりでも浮かんだなら、妄想＝何かを頭に思い浮かべることはできています。

「バナナ」

黄色くてちょっと曲がったものが、ぼんやりでも思い浮かんだなら妄想大成功！　香りや味が浮かんだ人もいるかもしれませんね。

「妄想をしたくない気分の時」はあります。だけど「したくない」と「できない」は違うのです！　妄想は、みんなできています。

では、「レモン」を思い浮かべてください（有名な例ー！）

目の前にレモンがあります。色は黄色、カットされていて、果汁があふれ出していて、爽やかな香りがするレモン……。ぼんやりでもイメージできましたか？

ではそれを、かじってみましょう！

「酸っぱい！」という気分になりましたか？　唾液があふれてきましたか？

おっと！　レモンの果汁が目に飛んできちゃいましたよ！　いててててて！

ガッツリじゃなくても、何となくでも大丈夫。体が反応したなら、妄想大成功。

ほらー！　妄想できてるじゃないですかー！

レモンは今、実際に目の前にあるわけじゃないのに、まるで現実にあるかのように、体が反応しましたよね？

そこなんです。**「今、現実にはないのに、まるであるかのように、体が反応する」**。これが妄想が現実になるポイントなんです。

では、次に「梅干し」を思い浮かべてみてください。（またまた有名な例！）

昔ながらの、すっぱ～い梅干し。大きいものを丸ごと、口に放り込んでみましょう。どうでしょう⁉　口の中が酸っぱくなって、ツバが出てきませんか？

それができたら合格！　バッチグー（死語）ですよ！

「酸っぱいもの」というのは、イメージした時に体が反応しやすいので、イメージングや妄想の練習には最適なのですよ！

レモンや梅干しをはっきりと鮮明に頭に思い浮かべることができた人と、映像はぼんやりしていた人がいると思いますが、ぼんやりした映像でも体は反応したはずです。レモンや梅干しが大好き、もしくは大嫌いな人なら、「レモン」「梅干し」という言葉だけでも反応してしまうかもしれません。

このように、妄想で大事なのは「映像」や「内容」ではありません。**妄想することによって、自分の体が反応しているかどうか**。そこなんです。

好きなタレントさんや可愛い動物を思い浮かべて、ほわ〜っと幸せな気分になる。

大好きな食べ物を思い浮かべて、実際に食べている気分になる。

ふかふかの布団に包まれて眠るところを思い浮かべて、ホッとした気分になる。

これで十分、「現実になる妄想」はできているんです。

こんなイメージも立派な妄想！

妄想は、必ず無意識のうちにやっています。仕事中に、「えーっと、今日は家に帰ったらご飯のしたくをして、お風呂を沸かして、そのあと保湿クリームを塗って……」なんて考えた場合。家のキッチンや、今日つくる予定のもの、お風呂、保湿クリーム。これらのものがふっと頭に浮かんだなら、それこそ妄想。「違う！」と言われても、知らん！　だって私の妄想こそ、「こんなもん」なんですから。

「妄想」という言葉の印象から、何となくしっかりとしたストーリー仕立てのものをイメージする方も多いかもしれません。でも、頭に思い浮かべる映像など「一瞬」でも大丈夫。

大好きな彼がいる人は、大好きな彼を思い出してください。（私は「トム・クルーズ」でいきますよ！）

彼が照れながら笑っている横顔。**はいここー！**

彼の色っぽい声。**はいここー！**

私とは明らかに違う、男の人の腕。**はいここー！**

少しでも「ドキーン！」「キューン！」と感じたなら、妄想大成功。（私は「ミッション・インポッシブル」の音楽が聴こえてきましたよ！）

では、今、めっちゃくちゃ食べたいものを思い浮かべてください。（ちなみに私は小籠包《ショウロンポウ》ですよ！）

その食べ物の香りや味を思い浮かべながら、妄想の中で食べてみましょう。

漂う湯気……。**はいここー！**

食欲をそそる香り……。**はいここー！**

口の中に広がる幸せの味……。**はいここー！**

少しでも「ああ幸せー♪」という気分になったなら、**妄想大成功**。（私は妄想の中で舌をヤケドしましたよ！）

では、「モフモフ」の動物を思い浮かべてみましょう。（私は「アルパカ」でいきますよ！）

動物の、つぶらな瞳。**はいここー！**

ふわふわの毛並み。**はいここー！**

そのふわふわに優しく触れたら、暖かい感触が。**はいここー！**

「うふふふ！」と笑みがこぼれるような、幸せな気分になったなら、妄想大成功。（ああ、アルパカの首に抱きつきたい……！）

ね！　妄想はできているんです！

「妄想を上手にしなきゃ」なんて気持ちは、1ミリもいりません。上手にしようと頑張らなくても、ちゃんとできていますから。**難しく考えないで、頭の中で自由につくり出せる世界を、思う存分楽しんでください。**

それでも、どうも妄想に対して苦手意識が強い方は、妄想2割、言葉（アファメーション）6割、行動2割ほどの割合でもいいんです。

ノートや手帳に自分の願いを書いて、もう叶ったかのようにウキウキワクワクしてみたり、「良かったね」「嬉しいね」と口にして、ホッとした感情を味わってみる。これは「言葉」の力を使っていますね。

妄想や言葉の力だけではなく、ちょっとした行動でも体は反応しています。

漫画を読んで、胸がキューンと締めつけられるような気持ちになる。

ラブストーリーの映画を観て、うっとりする。

行きたい場所のガイドブックを見て、ワクワクする。

これらの行為も、立派な「感情の先取り」行動です。

「妄想」だけにこだわりすぎず、「言葉」も「行動」も上手に使って、自由に引き寄せを楽しんでくださいね。

引き寄せの悩み 11

「すべてが中途半端になってしまう」問題

さて、ここまで読んでくださったあなたに最後のテストです。
引き寄せで一番大切なことは何でしょう!

ちょっとあほになること?　はい、大正解!
「望むほう」に意識を向けること?　はい、それも大正解!
「今ある幸せ」に意識を向けること?　はい、それも大々正解——!

だけど、一番大切なことは他にあるんです。
それは、**「ただ、続ける」ということ。「地味で地道な毎日の積み重ね」が一番**

大切なんです。

さて、ここで最後の「うまくいかない理由はこれかもしれない」が現れます。

それは、

「結局、すべてが中途半端になってしまう」問題。

巷には、いろいろな引き寄せ法があふれていますね。イメージング（妄想）、アファメーション、引き寄せノート、ビジョンボードなどなど。

私もいろいろなことを試して、失敗をして、「話が違うやないかい！」とちゃぶ台をひっくり返したこともありました。

特に苦手ジャンルのお金では、「お金は使えば使うほど、また入ってくる」「高いものを買うほどいい」なんて言葉の通りにお金を使って、お金がスッカラカンになるということも。

これはただ私の理解力が不足していたのですが、「こんなことして、本当にお金が返ってくるのかな」なんて疑いの波動を出しながら行動していたから、ただその通りの現実が返ってきただけなのです。

大事なのは、**「何をやったか」ではなくて、あくまで「自分の波動」**。

妄想しても「本当にこんなことして意味があるのかな」なんて思いながらでは、幸せな現実はやってこず、現実化するのは「楽しくもないのに、妄想をしようと頑張り続ける毎日」です。妄想をしたくない気分の時は、妄想以外の方法で幸せを感じていってくださいね。

幸せを感じることで引き寄せられる！

引き寄せ法は、「どれが正解」ではなくて、「どれも正解」です。あれもこれもと欲張るのではなくて、自分が楽しんでできる方法を、コツコツと続けてください。1回でうまくいかなくても大丈夫。現実はすぐに変わるわけではありませんが、確実に世界は優しく変わっていきます。

大切なのは「願いを叶えようと頑張ること」ではなくて「幸せを感じること」。

日々幸せを感じて、幸せパワーを積み立てていけば、その幸せパワーが現実の出来事に反映されていきますよ。地味にコツコツが何より大事ですが、「ちゃんとやらなきゃ」よりも「楽しむこと」ですよ！

「こんなことして何になるの」と何もしない人と、「何だかよくわからないけどとりあえずやってみる」という人では、数ヶ月後、数年後に大きな差が出ます。地味で地道な積み重ねこそが、大きく世界を変えるんです!!

自分に合った方法は必ずあります。無理なく自分が楽しめる方法を、続けてくださいね。

魔法使いでも何でもない私ですが、これまで、たくさんの願いが叶ってきました。**妄想を現実にすることは、誰にでもできます。**

「え……」と不安になった方。「私は妄想ができていない」と、かたくなに言い張る方。私があなたの頭の中をのぞかせてもらったら、確実に「妄想できてるよー!!」と親指を立てていることでしょう。

「願いが叶う妄想」は誰にでもできます。

あなたの人生が、笑顔でいっぱいのものになるよう、「妄想」がお役に立てたら幸せです。

はい、では私もそんな幸せな「妄想」に旅立ちますよ。あなたの笑顔と喜びが、何倍にもなりますように。

第4章

お金を引き寄せる思考法

妄想＋行動＋言葉で潜在意識を塗り替える

引き寄せるのは自分の「感情」や「波動」

「こうなったらいいのにな～」と願いを放った時点で、その世界はもうすでに、どこかに存在しています。そしてその「願いが叶った世界」を呼び寄せるには、その世界の住人になる。願いが叶う前から、願いを叶えた自分になって生活していくのでしたね。

願いが叶うと、多かれ少なかれ世界は変わります。月収が10万円増えたら、よく行くお店や買うものも変わるだろうし、今より5kg痩せたら着る服も変わり、「あの方素敵ね～」なんて噂の的になること間違いなし！

何度もお伝えしているように、潜在意識は現状維持を最優先します。（大事なことは何回でも書くよ！）

恋愛や出版の夢はほぼ「妄想」だけで「その状態になる」ことができ、願いがスルスルと叶った私ですが、私の引き寄せ苦手ジャンルは「お金」でした。

本当はあまり苦手ジャンルだと意識しないほうがいいですが、私はあえてブログや書籍で「お金の引き寄せが苦手」だと明記しています。でも、苦手分野でもちゃーんと引き寄せられるようになりますからね！　この章では、私がどうやってお金に対する苦手意識を克服したか、お伝えします。

2万円のディナーを妄想

私の場合、「やっていけるだけのお金があればいい」「そんなにたくさんのお金はいらない」「入ってきても、手元に残らない」。お金に対してこういった思考が根強くあったので、お金がどーん！　と入ってくることがあっても、またココ（やっていけるだけのお金はあるけど、そこそこの生活）に戻ってきていたんです。

先ほどのユメ・ミナイ子さんの引き寄せマラソンのように、ゴールが「やっていけるだけのお金はあるけど、そこそこの生活」になっているから、そこに戻ってきてしまう。

長年染み付いている、お金に対する思考や習慣や行動。そうしたお金の観念を変えるには妄想だけでは足りなかったので（あくまで「私は」の話ですよ！）、お金関連の願いについては、妄想＋行動＋言葉 でその状態になっていったのです。

まずは妄想バージョン。

「1000円のランチなら行ける」と思っているけど、「2万円のディナーは難しいよなぁ……」と思っていたら、その通りの現実になっていきます。

「1000円のランチは行けて当たり前」

「2万円のディナーは行けないのが当たり前」

という設定を変えていくために、「2万円のディナー」に何度も頭の中で行きましょう！

ここで朗報です。実際に行っても、頭の中で行っただけでも（妄想だけでも）、脳は区別がつきません。自分がリアルに感じている感情こそが、すべてです。ということは、頭の中で疑似体験するだけで幸せを体験できる！

そしてその幸せ体験が、また素敵な現実を連れてきてくれる！

いや～、疑似体験って最高じゃないですか！

しかもそれって、**妄想でできるー!!**

それでは早速、五感を使いながら、幸せ体験を頭に思い浮かべていきましょう。

自分が着ているのはどんな服か
同行者は誰か
同行者はどんな服装か

一緒に行く人は彼氏？　家族？　友達？　その人の、幸せそうな顔も思い浮かべてくださいね！　これだけで「視覚」は完璧に使っています。

お店まではどんな交通手段で行くか
同行者とはどんな会話をしているか
店員さんはどのような言葉で出迎えてくれるか

車の音、電車の音、街のざわめきに、一緒にいる人の声と、自分の弾む声。店員さんの丁寧なおもてなし……。何となくでも聞こえたなら、「聴覚」も使っています。いいですよ！

メニューの手触りはどんな感じか
メニューを見てもどんな料理かサッパリわからん！　なんて笑い合っていたり……

料理が出てきた時の、「わあ〜」という感じ
そして、料理の香りや味

おっと!? 食事の妄想は、嗅覚、味覚、触覚も使いやすいので、妄想トレーニングにうってつけではないですか！

さて私は今、小籠包を妄想しながらこの文を書いていますよ……。セイロを開けた時の湯気、レンゲに乗せて、袋を割った時のスープのあふれ具合。口に入れた時の「アチっ、アチっ」と熱いんだか、おいしいんだかよくわからない感じ……（いやもちろん、おいしいんですよ!?） いや〜、ヨダレが出てきましたよね！

はい、私も近々中華料理屋さんで、おいしい小籠包を食べていることでしょう。

ですが、ここで注意点が二つ！

五感で感じたから、妄想やイメージが現実化するわけではありません。現実化の鍵は、あくまで自分の感情。**今ここにないものを五感でリアルに感じて、「嬉しい」「ウキウキ」「ワクワク」「ドキドキ」といった感情を引き出すことが、もっとも重要なポイントですよ！** 大事なのは、五感で感じようと頑張ることより、妄想やイメージをリアルに楽しむことです。

そして二つ目は、引き寄せるのは小籠包とは限らない、ということ。（今回の私の妄想の場合）小籠包を妄想していたけれど、「あれ⁉　餃子食べちゃってるよ！」と、そんなニアピン賞の時もあれば、「あれっ⁉　お寿司食べてるよ⁉」と、回らない高級お寿司屋さんに行っちゃってることも、あるかもしれない。

それでも「おいしいものを食べて、幸せを感じている私」は現実になっています。そう、細かいことは言いっこなし！　あくまで引き寄せるのは自分の「感情」や「波動」ですから。

「え〜？　絶対に小籠包がいい！」ですって⁉　はい、大丈夫です。小籠包に「好き」の波動を放ちつつ（ヨダレも垂らしつつ）意識を向けている限り、必ずいつか小籠包を食べる機会はやってきます。

私も、「アフタヌーンティーを楽しんでみたい！」とはじめてブログに書いてから、実現したのは1年半後ですから。その時間差をガッカリと感じるのではなく、ゲーム感覚で楽しんでくださいね！

にやにやが、にやにやを連れてくる！

自分が意識を向けているものや、自分がより長い時間感じている感情、放っている波動といったものが、なんらかの形で現実に反映される時が必ずきます。

いいですか！　にやにやは、さらなるにやにやを連れてきてくれるのですよ！

幸せに小さいも大きいもないように、にやにやに小さいも大きいもありません。

「2万円のディナーを妄想していたけど、5千円のディナーになっちゃったなあ」なんて時も、実は引き寄せ大成功なんです。**願っていたことと現実に起きたことが違ったとしても、引き寄せパワーは蓄積されていますからね**。

本当に2万円のディナーが実現するまでは、憧れのお店の中にいる自分を何度も頭の中でつくり上げ、「2万円のディナーに行ける私」を当たり前にしていきましょう。きっと素敵な服を着て、大切な人と「おいしいね」なんて話しているあなたの姿は、現実のものになりますよ！

「めんどくさい」に負けない！

引き寄せには行動も必要です。今はお金が十分にない状態だとしても、「お金が十分にある私」になって行動します。

「私が先、現実はあと」ですよ！

「お金が十分にある私」は何をしてる？　どんなことを感じてる？　と考えてみると、好きなことをして、好きなものを買って、好きなところへ行ける自由を楽しんでいるはず！

ということは、今好きなことをして、好きなものを買って、好きなところへ行ける自由を楽しんでしまえばいいのです！（もちろん、できる範囲でですよ！）

「空港に行きたい！」と思ったら、「メンドクサー」と思っても空港に行く。
「高級ホテルのランチに行きたい！」と思ったら、「なんか落ち着かない」と思っても高級ホテルのランチに行く。

行きたいのに「なんか気後れする」と思っても、値札のゼロが一つ多い洋服屋さんに入ってみる。

「行きたい！」「やりたい！」と思っても、「メンドクサー」だったり、「別にそんなことしなくたっていいよ」という思いは出てきます。

が、それこそが脳の現状維持システム。願望実現の厄介な敵「メンドクサー」は、現状維持システムの味方です。なんやかんや口を出しては、現状維持に努めます。

でも、**「メンドクサー」「別にやらなくていい」の声に従っていたら、やっぱりいつまでも現状維持のままなのですよ！**

ちょっぴり高価なものを選択する

近くのフードコートやファミレスで食べるご飯もおいしいけど、高級感漂うホテルや、ゼロが一つ多いお店も自分にとって「当たり前」の場所にしたいなら、「えいっ」と行ってみましょう。

これは決してフードコートやファミレスを否定しているわけじゃなく、どちらもあっていいし、どちらも好き、でいいんです。値段だけに左右されず、その時の自分が、本当に心ときめくほうを選べる幸せを感じてください。

そして、「心地良さを選ぶ」「好きなことをする」というのは、「楽なほうばかりを選ぶ」「慣れているほうばかりを選ぶ」ってことでもないのです。

「お金が十分にある私」は何を選ぶか。**「なりたい私」がやっていそうな、でも「今の私はやっていないこと」を、えいっとやってみる。**

「どうも現実が変わらない」「同じようなパターンばかり繰り返す」という場合

は、今までとはちょっと違う習慣や行動を、取り入れてみてくださいね。

「望みを叶えた私」を頭の中でリアルに感じ、実際の行動でも、「望みを叶えた私」がとるであろう行動を選択していく。**「居心地が良いもの」ばかりを選択するのではなくて、ちょっぴり高いものを選択していくのです！**

行き慣れていないけど、行きたかったホテル。入るのにドキドキするけど、入りたかったレストラン。雑誌でも紹介された、あの美容院。新幹線に乗る時はグリーン車。ティッシュも、お肌に優しいちょっぴり高いもの。

妄想に正しい答えがないように、高級感や豊かさを感じるものや場所にも、正しい答えはありません。すべてをやる必要はありませんが、「今までとちょっぴり違う私」を、ぜひ楽しんでみてください！

「宝くじ」を当てるには？

「宝くじを当てたい」という願いも、いいじゃないですか！　言っときますけど、私だって当てる気マンマンですからね！

ただし、自分の「本当の願い」は何かを考えることも大事ですよ！　「宝くじに当たる経験が欲しい」のか、「ただお金が欲しい」のか。言っときますけど、私は両方ですからね！（強欲バンザイ！）

私、結構くじ運が強いんです。懸賞で、当選一名のプレゼントを当てて雑誌に名前が載ったこと、何度かあります。（えっへん！）

それを、宝くじでも経験したいのです。自分が持っているくじと、当選番号を照らし合わせて「えっ……!!（当たってる……!?）」という感じ。「お母さーん！ちょっと見て！」と誰かに報告する感じ。

「よっしゃあああ！」という大喜びと、「やっぱり、当たる気がしてたんだよね」という、どこか冷静な気持ちが同居している感じ。ただ純粋に、この感情を味わってみたいんですよねぇ……うふふ……。（妄想中）

それに、**当然お金も欲しいですから。**

楽しい波動が乗ることをする

というわけで、私は宝くじも当てたいし、お金も欲しい。なんと、一枚数百円の宝くじを買うことで、二つの夢を見ることができるのですよ！　「うわあ、宝くじって楽しいなあ！」と、「当てなきゃ」じゃなくて、楽しみながら宝くじを買ってみましょう。

逆に、「お金が欲しい」けれど「宝くじにはそれほど興味がない（そもそも買っていない）」という人は、手段を宝くじに限定しなくてもいいんです。それこそ、お金が入ってくるルートなんて無限にありますから。これも、一番大切なのは「楽しい」という波動が乗るかどうか。自分のやりたいことをやり、自分の好きなことをして自分を満たしていたら、必ずゴールにたどり着きます。

好きなことをしていたら、それがお金を稼ぐ手段になるかもしれないし、実はあなたには投資の才能が隠れているかもしれない。明日アラブの石油王に声をかけられるかもしれません！

決めるべきはゴールである「たんまりお金がある生活」であって、「手段」（この方法でお金を手に入れよう）ではありませんよ！

好きなことや興味があることを、とことん極めるつもりで楽しんでやる。その行動が、結果としてゴール「たんまりお金がある生活」にたどり着くための「手段」になってくれるのです。

「手段」は探すものではなくて、見つかるものです。

「今の現実」は無視してOK

今、片想いだから
今、彼の連絡先も知らないから
今、お金がないから
今、夢と現実はかけ離れているから

このような「今」はまったく見る必要がありません。
本当に、今の状況は関係ありません。（力説）

今、片想い　だから　この先もきっと片想い

今、お金がない　から　この先もお金がないだろう

という、今の現実が「こう」だから「こうなるはずだ」「こういう順序を踏むはずだ」「こうならなきゃいけない」と、頭は今までの経験だとか、常識だとか、そんな狭い判断材料の中から、答えを出そうとしてしまいがち。

今が△△△だから　△△△だろう

でも、**ここはまったくイコールではありません！**

「△△△だろう」の部分は未来のことであり、未来のことは一切決まっていません。潜在意識は「今がこうだから」なんて、そんなものは一切無視で、

こうなるだろう。

→こちらの思いのほうを現実化しようと、全力で動いてくれます。

今、お金がない　から　アレは買えないだろう
今、お金がない　から　あの願いは叶わないだろう

と思っていると、

アレは買えないだろう
あの願いは叶わないだろう

→こっち！　こちらの思いが現実になってしまいます。

「今は、お金がない」かもしれないけど、「この先もお金がない」と決めてしまう必要はないのですよ！

今は△△△だけど　○○○になりたい

今は△△△だけど　○○○だといいな

「△△△」ではなく、この「○○○」のほうに意識を向ける。

今はちょっぴりお金がないけど、**海外旅行に行きたいな**
今は片想いだけど、**彼とお付き合いできたらなんて幸せなの**
今の現実は違うけど、**カリスマネイリストになるんだー♪**

意識を向けるべきは、この後半部分です！　前半部分じゃなくて、こっちこっち！　**後半部分の「叶えたいこと」に対してハートマークを飛ばすだけで、願いはスルスルと叶っていきます。**

願いが叶ったら、どんな気分？

願いを放つ際に、現実（のうまくいかないと感じている部分）を見る必要はありません。現実（のうまくいかないと感じている部分）を見て「あーあ」と感じている時間が長いほど、現状維持は続き、世界が変わるチャンスを逃がしています。

自分が本当に望んでいることは何か。願いを叶えて、どんな感情に包まれたいのか。こちらに、意識を向けてくださいね。

今の現実にこだわる必要はないし、「今、どれだけ自分の毎日がうまくいっていないか」の現状報告なんていりませんよ！　**今の現実は、過去の自分の思考が現実化した結果。そこに意識を向けてしまうと、未来もずっと今の現状が続きます。**

とにかく、「今の現実」にこだわらなくていいし、しがみつかない。

いかに、「今の現実」よりも「願いを叶えた状態」に意識を向けられるかです。

「現実は知らん力」を最大限に発揮する時間ですよ！

願いを叶えた私に似合うものは？

「お金」から少し逸れますが、『ありえない「妄想」でお金も恋も引き寄せる！』を書いていた頃、私の父が手術を受けました。

「私」は「私」の世界をつくっているし、他の誰かの世界を代わりにつくることなんてできませんが、「父が元気でいる世界」と「父が弱っていく世界」があるとします。（本当はもっと細かく世界が存在しているんだろうけど、わかりやすく二種類だけを例に書きます。）

「父が弱っていく世界」に自分がいる時は、不安や心配が襲ってきて、感情のままに泣いたりもします。だからといって、「この世界（望まない世界）を見つめちゃいけない！」と、無理やり「望む世界」に移動しようとはしません。

そんなことしても、すぐ「望まない世界の自分」が戻ってきちゃうから。

そういう時は、ぐわっと泣いて、「こんな感情もあるんだよ」と教えてくれたつらさや不安や苦しみの感情を、ぐわっと外に出す!! 自分の頭の中だったり、心の中にある「望まないもの」を外に出してしまうんです。

そうして少しスッキリしたら（心配や不安はゼロにはなりませんが、それでOK！）「父が元気でいる世界」に移動するんです。「移動する」というのはそんな大層なことではなく、ただ「頭の中で思い浮かべる」、そんなレベルのことですからね！

そうすると、そこには、

笑顔でいる私
安心している私
毎日を楽しんでいる私

が、いる。

だから今、「その自分になる」のです。「その世界がやってきてから」「幸せな出来事がやってきたから」じゃなくて、「今幸せになる」のです。
「嬉しい出来事があったから幸せ」じゃなくて、幸せな気分でいるから、嬉しい出来事がやってくる。今の時点で、感じている時間が長かったり、本当に起きているかのようにリアルに感じている感情が、次の現実を連れてきます。

だから、先ほど書いた

笑顔でいる私
安心している私
毎日を楽しんでいる私

でいると、「父が元気でいる世界」に移動できるんです。
これが、**「世界が変わる」ということ**ですね。

「誰かのために祈る」という行為が、自分の心をホッとさせてくれるのなら、もちろんそれもOK。

でも、「私の父本人」が、「もう治らなくてもいいや」なんて思っていたら、その通りの現実になるから、ずっと治らないいんじゃないの？　と疑問に思われる方もいるかもしれません。

「私」は「私」を幸せにするために生きているのであって、「父」の思考を変えるために笑顔でいるわけではありません。「私」が笑顔でいることが、結果として父の思考を変えるかもしれなし、変わらないかもしれない。それはわかりませんが、難しいことを考えるのにエネルギーを使うよりは、楽しいことを考えていたいし、無駄に笑っていたい。

父も、私も、誰もがいつか天国に旅立って行くけど、だからこそ、それまでの間、「いっぱい笑って、楽しく過ごしている私」でありたいのです。

「今」と「望む未来」があまりに違っていて、つらい現実にいる方。

まずは「つらい」「苦しい」という気持ちに蓋をせず、思いっきり外に出してください。少しでも落ち着いたら、自分がどうなりたいか、どんな世界に行きたいか、どんな感情を味わいたいかと考えてみてください。

そしてその世界にいる「私」はどう過ごしているか。

毎日をニコニコで過ごせない気分の時は、ふわっとピンクのチークを入れてみたり、いつもより少し明るめの色の洋服を着てみたり、そんなささやかなことからでも十分なんです。

男性なら明るい色のネクタイをつけてみるのもいいですよね！

今、心配事がある方は、その心配事が解消された時の気分を一瞬でも味わってみてください。「心からホッとする」「世界が輝いて見える」、そのような感情を味わえたなら、感情の先取りは大成功。**その「一瞬」を何度も心の中に連れてきて、「願いが叶う前に、叶った」感覚を体感してください。**

望んでいないのに、大事な「私」を、いつまでも「望まない世界の住人」にしていないで、できることから「望む世界の私」にしてあげてくださいね。

言葉も味方につけて引き寄せる

「望む世界」を引き寄せるのに、言葉の力は重要です。今の現実が「お金がない」状態だとしても、簡単に「お金がない」と口に出さないことです。

望んでいない今の状況を口にすると、「これからもきっとそうなる」と潜在意識にインプットされてしまいます。

今は、お金が十分にない状態かもしれないけど、こうなったらいいな。

潜在意識にインプットすべきは、この「こうなったらいいな」の部分ですよ！

今はお金が十分にないかもしれないけど、**月収が倍になるといいよね〜**。

今はお金が十分にないかもしれないけど、**宝くじが当たるかもしれないしね！**

と、「△△△だけど、○○○だといいな」の○○○に意識を向ける。

実際に口に出したり、ノートやスケジュール帳に書いてみるのも、大いに効果アリですからね！　こんなふうにして、妄想でも、行動でも、言葉でも、「望むほう」を見つめるクセをつけていってください。

現実は見る必要なし！

意識して「望むほう」を向く

意識を「今の現実（のうまくいかないと感じている部分）」ではなくて、「望むほう」に向ける時間を長くする。「望みを叶えた私」はどんなことを感じているかな？　ワクワクしているかな？　ホッとしているかな？　クイッと口角を上げて微笑みかけているかな？　と思ったら、今すぐ誰かに微笑んでみる。

世界があなたに恋をすること間違いなしですよ！

「望むほう」に意識を向けるクセをつけるには、日々の練習あるのみ！

必ず世界は変わりますよ！

実はとっくに「引き寄せ」ている！

自分は「何も引き寄せられない」という方は、本当は「何も引き寄せていない」のではなくて、自分の望みとは違うものを引き寄せているから、「引き寄せていない」と感じてしまっているだけだと、第3章の冒頭でお話しました。

それ以外にも、自分から行動して手に入れたものや、達成したことも立派な引き寄せです。

たとえば、「パスタを食べたい！」と思う。

↓食べに行くか、買いに行く。↓パスタの引き寄せ成功！

えええ⁉　普通ー!!　と思いましたか？　いえいえ！　これは確かに、「自分には願いを叶える力がある」ということです。

もう一つ例を出しますよ。映画を観に行きたい！　と思ったとします。↑これが「願い」。

映画楽しみだな〜♪　ポップコーン食べようかな〜♪　それともホットドッグにしようかな〜♪と、楽しみにする。↑願いが叶うまでをにやにやしながら過ごす！

そして、映画を観に行く。↑「願いが叶った！」と受け取る！

映画面白かったな〜♪　↑幸せを感じる！

完璧じゃないですか!!

「どこどこに行きたい」

「○○を食べたい」

という自力ですぐに叶えられるような願いも、大きな願いも、まったく同じなんです。

↓願って、

↓願いが叶うまでの期間を楽しんで、
↓しっかりと受け取って、
↓幸せを感じる。

その繰り返しで、自分を満たしていくんです。そうして、

「願いを叶えていいよ」

「幸せになっていいよ」

「自分の中に生まれた願いは叶うんだよ」


と、実際に体験し、自分自身に染み込ませていってください。

映画なんて一人でいつでも観に行けるけど、彼氏や大金は違うじゃん、と思われるかもしれませんが、同じです。いいですか！　まったく同じなんですよ！

自分から動いてすぐに叶えられる願いも、ふっと神様からのプレゼントのよう

に叶う願いも、叶う時を楽しみにしながら過ごして、叶うことを疑わなければ叶います。

叶うことを疑いたくなった時こそ、「ささやかな願いを叶える」体験を積み重ねてください。

ご飯を食べたいから、食べる
お風呂に入りたいから、入る
トイレに行きたいから、行く

こんな日常すら、引き寄せ力をアップさせる絶好のチャンスなのですよ！

「ある」は必ずある

「現実を見る必要はない」と散々繰り返していますが、そうはいっても今の現実の中で「ちょっといいかも」と感じる部分には、目を向けてくださいね。

（今、世界一周豪華クルーズに行くお金はないかもしれないけど）国内旅行には行けるな〜

（今、タワーマンションに引っ越すお金はないかもしれないけど）ちゃんと住める家はあるな〜

（今、2カラットのダイヤモンドリングは買えないかもしれないけど）お花を買って家に飾ることはできる！

と、「ある」ものに意識を向ける。

夢が現実になるその時まで、せっかくだから、「叶っていない今」も楽しんじゃいましょうね！　ディズニーランドにいる間はもちろん夢のように楽しいけれど、行ってない時間だって幸せなんです。だって、ご飯を食べるにもトイレに行くにも、並ばなくていいんですから！

好きな人と一緒に過ごしている時間は何物にも代えがたいほどの幸せな時間だけど、一人の時間だって幸せなんです。だって、うっかり半開きの目で寝てしまっても大丈夫なんですから！

ささやかな幸せを喜ぶ

無理やり幸せだと感じようとするよりも、自分の心が「幸せだな、ありがたいな」とスッと受け入れられるものに、これでもか！　ってほど幸せを感じてください。

そして、先ほども書いたように、安いものばかりに慣れ親しむのではなく、「自分の当たり前」をちょっぴり高級なものにしていくことも必要です。

とはいえ、安いものであっても「こんないいものを、こんなに安い金額で買えるの⁉」と感じられるものであれば、豊かな波動はバシバシ出ています。

金額に関係なく、自分の心がときめくかどうか。幸せを感じるかどうかがすべてです。臨時収入100万円も、お隣さんからもらったリンゴも、同じように「嬉しいこと」です。

叶った願いがささやかなことだからといって、「私が願ってるのはこんなことじゃないの！」と否定したりしないでくださいね。「やったー、ニアピン賞！」と喜びましょう！

小さな願いが叶ったことや、ささやかな幸せを喜ぶほど、また大きな幸せがやってきます。そう、スーパースペシャル幸せフェスティバルがやってくるのですよ‼

「こうなったらいいな」と思う気持ちと、今の現実の中でも「ある」と感じられる部分に意識を向けていってください。そうすることで願いは次々と叶っていき、世界は変わっていきますよ！

［付録］

楽しく「妄想」するためのヒントを集めてみました。かずみんの「妄想かるた」を紹介しますね。

あ
あほになる

い
一生懸命
ちゃんとしない

う
ウルトラ
ソウル！
ヘイ！

え
笑顔になる
…いいことがあったから笑顔じゃなくて、笑顔でいるからいいことがある

お
温泉に行く
…そんな時間もお金もない？「行く！」と決めたら行けるんです！

か
＼かずみんの／
本を読む

き
100万円の
臨時収入よー！
きゃー！

く
空気ある！
お水ある！　わーい！

け
ケータイは幸せの道具
…嬉しい知らせが、きっとくる

こ
高級感漂う場所に行ってみる

さ
さあ、妄想しよう

し
幸せを受け取る
…幸せを見つければ見つけるほど、また幸せがやってくる

せ
SAY いえーい！
（いえーい！）

そ
そろそろ妄想の時間では？

す
好きな人に「好き」と伝える…心の中で思うだけでも十分。優しい思いを届けましょう。

ち
あほ（ちょっと）になる

た
旅に出よう

つ

ツイてるー！

て

ティーパーティーを
始めますわよ

…たとえ一人でも
優雅な気分でね！

と

とりあえず、
やってみる

な

「何もしない」
をする

に

にやにや
する

ぬ

ぬくぬくする

…大事な体を冷やしちゃ
いけません！

ね

寝る

の

のんびりする

は

鼻歌を歌う

ひ
100％
じゃなくても大丈夫

ふ
ふて寝する

へ
ヘイ！
ヘイ！
ヘーイ！

ほ
微笑んでみる

ま
「マイフェイバリット○○」
をいっぱい用意しておく

み
未来はいつでも、
私の味方

む
無理しない

め
「めんどくさい」
に負けるな！

も
妄想は
現実になる

や
「やらなきゃ」
じゃなくて
「やりたい」を選ぶ

ゆ
夢見ることを
楽しむ

よ
よく
頑張りました！

ら
＼ラッキー！／
臨時収入が！

り
リラックス！

る
ルール
ルルル～

れ
レベルアップ！
…何がレベルアップしたかは
知らないけど、とにかくレベル
アーップ!!

ろ
ロマンスが
待っている

わ
何かは知らないけど、
わーい！
わーい！

を

を〜！

幸せサプライズがやって来たー!!

ん

んだ！
妄想しよう！

が

頑張りたきゃ頑張る、
頑張りたくない時は、
頑張るよりも楽しむ

ぎ

銀行口座に
6億円！

ぐ

ぐっすり
寝る

げ

現実は
知らん！

ご

ゴーゴー！

ざ

ザ・
あほになる！

じ

地味で地道な
練習を忘れない

ず
図々しくなってみる
…願いを叶えて当たり前、幸せになって当たり前～♪

ぜ
絶好調！

ぞ
ゾッコンLOVE！

だ
大丈夫！

ぢ
自画自賛！

づ
ずっと、解けない魔法もある

で
できることをやる

ど
ドキドキ♡

ば
臨時収入が！
＼バンザイ！／

ぶ
ブログ
…そうだ!
かずみんのブログ読もうよ!

び
臨時収入が!
びっくり!

べ
ベリーグッド!!

ぱ
パーティーよ!

ぼ
ぼーっとする

ぴ
ピースサインでキメる

ぺ
ページをめくるたびにほら!幸せになる!

ぷ
プリンセスになりきって過ごしてみる …「姫様、今日の朝食は納豆ご飯とお味噌汁でございます」

ぽ
ポケットマネーが100万円!?スゴイ!

［略歴］

かずみん

1978年、京都府生まれ。スピリチュアルや自己啓発とはまったく縁のない生活を送っていたが、2015年より引き寄せ、潜在意識の世界に足を踏み入れる。自分自身も無意識のうちに引き寄せの法則を使ってさまざまな成功を収めていたことに気づき、その体験をブログ「妄想は世界を救う。～妄想万能説～」に書き始めたところ、「等身大でわかりやすい」と支持を得て、日本ブログ村哲学思想ブログ「引き寄せの法則」ランキングの上位常連となる。著書に『ありえない「妄想」でお金も恋も引き寄せる！』（秀和システム）、『「頑張らない」で引き寄せる！　願いが叶う、ちょっとあほになる方法』（ダイヤモンド社）がある。

ブログ：「妄想は世界を救う。～妄想万能説～」
https://ameblo.jp/kazuminhappiness/

イラスト　keycocco
協　　力　方喰正彰（有限会社 Imagination Creative）

妄想は現実になる「引き寄せ」の悩みはこれで解決！

2019年1月10日　第1刷発行
2019年2月1日　第2刷発行

著　者　かずみん
発行者　唐津 隆
発行所　株式会社ビジネス社
〒162-0805　東京都新宿区矢来町114番地 神楽坂高橋ビル5F
電話　03(5227)1602　FAX　03(5227)1603
http://www.business-sha.co.jp

〈カバー・本文デザイン〉ナカジマブイチ（BOOLAB.）
〈本文組版〉茂呂田剛（エムアンドケイ）
〈印刷・製本〉中央精版印刷株式会社
〈編集担当〉山浦秀紀　〈営業担当〉山口健志

ISBN978-4-8284-2070-7